Uma experiência de formação de professores na USP

PEC | Programa de Educação Continuada

São Paulo | 2006

Marieta Lucia Machado Nicolau
Myriam Krasilchik
Organização

Uma experiência de formação de professores na USP

PEC | Programa de Educação Continuada

imprensaoficial

GOVERNO DO ESTADO DE SÃO PAULO

Governador	Cláudio Lembo
Secretário-chefe da Casa Civil	Rubens Lara

imprensaoficial IMPRENSA OFICIAL DO ESTADO DE SÃO PAULO

Diretor-presidente	Hubert Alquéres
Diretor Vice-presidente	Luiz Carlos Frigerio
Diretor Industrial	Teiji Tomioka
Diretora Financeira e Administrativa	Nodette Mameri Peano
Chefe de Gabinete	Emerson Bento Pereira

SUMÁRIO

IV - Elaboração de Material Didático Impresso

V - A Atuação dos Profissionais nos Pólos

AGRADECIMENTOS

À Secretaria Estadual de Educação de São Paulo pelo apoio financeiro e logístico, que propiciou as melhores condições para o bom funcionamento do Programa.

À Universidade de São Paulo e à Faculdade de Educação, representadas, respectivamente, pela pró-Reitoria de Graduação , Direção e Congregação da Feusp, por terem enfrentado o desafio da formação de professores de 1ª a 4 ª séries, com a utilização de mídias interativas, e pelo total apoio oferecido ao desenvolvimento do Programa.

À Fundação de Apoio à Faculdade de Educação e à Fundação Carlos Alberto Vanzolini, pelo apoio logístico oferecido.

Aos professores da Feusp e das outras unidades, que ofereceram sua experiência e competência para o desenvolvimento desta ação educativa ao lado dos colegas da rede pública estadual.

Aos assistentes, tutores e orientadores do PEC, pelo empenho e dedicação.

À Universidade Estadual Paulista e à Pontifícia Universidade Católica de São Paulo, parceiras neste trabalho.

Aos professores e pesquisadores que elaboraram os textos do material impresso, proferiram as videoconferências e participaram das teleconferências.

Ao nosso próprio grupo de coordenação do PEC/USP, que nunca mediu esforços para buscar e conseguir maior qualidade no trabalho de equipe que, juntos, desenvolvemos.

Finalmente, aos alunos-professores, que nos deram o testemunho de coragem, fibra e empenho que enobrecem o educador paulista das nossas escolas públicas; a vocês que foram a principal razão do nosso trabalho.

Profa. dra. Marieta Lucia Machado Nicolau
Coordenadora PEC/USP

Profa. dra. Myriam Krasilchik
Vice-Coordenadora PEC/USP

APRESENTAÇÃO

Ao editar o livro *PEC – Programa de Educação Continuada*, a Imprensa Oficial registra uma excepcional experiência de formação de professores da Universidade de São Paulo que possibilitou a ampliação do conhecimento e da democratização do ensino no Brasil. Os cursos de qualificação do corpo docente em área de especialização não apenas repercutem e promovem profundas alterações no tecido social, mas são também pressupostos para ações de cidadania e do desenvolvimento.

A importância do Programa de Educação Continuada, que teve início em 1997 e prolongou-se até 2002, consolida-se com o conceito de que educação qualificada apenas se constrói com professores igualmente qualificados. Como decorrência natural desse pensamento, nesse período, foram capacitados supervisores, assistentes técnicos pedagógicos - ATPs, professores coordenadores pedagógicos - PCPs e professores para a correção do fluxo escolar, instaurou-se o Circuito Gestão para a capacitação de lideranças proporcionando formação universitária para professores.

No conjunto, o Programa mobilizou quatro universidades paulistas – Universidade de São Paulo - USP, Universidade Estadual Paulista - Unesp, Universidade Estadual de Campinas - Unicamp e Pontifícia Universidade Católica de São Paulo – PUC-SP, atingindo 162.167 diferentes agentes do circuito escolar.

Um programa com tais dimensões propõe desafios a serem enfrentados sob novas perspectivas e diferentes abordagens. A parceria entre as universidades exigiu articulação inédita entre diferentes instituições, tratamento interdisciplinar do currículo, o uso de diferentes mídias interativas, promovendo inovações que tornaram o programa possível e, ao mesmo tempo, exemplar.

Este livro se detém na última parte do projeto – formação universitária de professores – documentando o trabalho desenvolvido especificamente pela Universidade de São Paulo, reunindo o testemunho dos professores participantes de um programa que formou 1.632 professores do Ensino Fundamental I.

Estamos certos de que ele irá estimular e auxiliar todos os que trabalham com Educação, sendo o programa exemplo a ser seguido, discutido e aprimorado, a fim de vencermos as grandes distâncias que seguem desestabilizando nossa sociedade, até atingirmos a meta de educação qualificada para todos.

Hubert Alquéres
Diretor-presidente

PREFÁCIO

O exagero profético e a manipulação ideológica, que caracterizam a maior parte dos discursos sobre a revolução da tecnologia da informação, não deveriam levar-nos a cometer o erro de subestimar sua importância verdadeiramente fundamental[1]

A presente publicação reúne depoimentos de protagonistas de um processo de inovação na área de ensino e formação de professores, denominado PEC – Formação de Professores, ou, Programa de Educação Continuada de Formação de Professores, e natureza especial, dirigido aos professores efetivos e em exercício do ensino fundamental do sistema estadual. Os relatos permitem captar não somente a arquitetura do projeto, como também a maneira como foi vivenciado, revelando diferentes olhares sobre o processo.

A afirmação de vários autores aqui reunidos de que a participação no projeto representou aprimoramento pessoal significa que ele proporcionou enriquecimento coletivo da comunidade acadêmica e, como conseqüência, o aperfeiçoamento da instituição universidade.

O registro da história da criação de um projeto inovador permite oferecê-lo à crítica, como maneira positiva de render tributo a tal iniciativa, assim como de colaborar com o aperfeiçoamento de projetos similares a serem desenvolvidos.

Por demanda e iniciativa da Secretaria de Estado da Educação de São Paulo, o Programa realizado pela USP sempre contou com profissionais que, além de resolverem com competência diferentes problemas administrativos e logísticos, tornaram-se interlocutores fundamentais para o desenvolvimento dos trabalhos nas diversas etapas.

O PEC – Formação de Professores configura-se como um projeto inovador por vários motivos. Primeiro, porque estimula a formação em nível superior de professores de nível médio em exercício nas primeiras séries da educação básica, possibilitando a melhoria de qualidade desse nível de ensino, etapa fundamental para o encaminhamento de crianças e jovens aos estudos superiores ou à entrada no mundo do trabalho.

Segundo, porque organiza a programação do curso em blocos temáticos, estabelecendo um tratamento interdisciplinar do currículo e facilitando o interesse e a compreensão dos conteúdos por parte dos alunos, assim como o alcance dos objetivos de ensino.

[1] CASTELLS, Manuel. **A sociedade em rede.** São Paulo: Paz e Terra, 2000, p.50.

Terceiro, porque é fruto de um trabalho coletivo, realizado em parceria por três universidades paulistas – USP, Unesp e PUC-SP, que tiveram como demandante e interlocutora principal a Secretaria da Educação de São Paulo.

Quarto, e de maneira mais característica, o PEC inova porque utiliza-se de mídias interativas e, deflagra um processo que possibilitou em dois anos às três universidades colocarem em patamares, antes inimagináveis para o mesmo período, um número expressivo de professores formados em nível superior. A USP atendeu a 1.800 professores, dos quais se formaram 1.632.

Apontar as características inovadoras do projeto remete à necessidade de esclarecer alguns aspectos relativos à sua gênese, especialmente os relacionados à conjuntura que permitiu a sua formulação, assim como aos seus agentes.

A LDB – Lei de Diretrizes e Bases da Educação Nacional nº 9.394, promulgada em dezembro de 1996, instituiu em suas disposições transitórias a Década da Educação, na trilha da Declaração Mundial sobre Educação para Todos. Avançando sobre o estabelecido na Constituição Nacional de 1988 no tocante às atribuições dos diferentes entes federativos, define em suas Disposições Transitórias que os municípios e, supletivamente, o Estado e a União, têm a incumbência de "realizar programas de formação para todos os professores em exercício, utilizando para isso também os recursos da educação a distância" (art. 87, §3º, inciso III). Igualmente, a LDB conclama que até o fim da Década da Educação (2006) somente sejam admitidos "professores habilitados em nível superior ou formados por treinamento em serviço" (art.87, § 4º). Embora no corpo da lei se admita como patamar mínimo a habilitação em magistério em nível médio, a orientação principal aponta para a necessária formação em nível superior.

São Paulo, ao lado de outros Estados brasileiros, logo se organizou para cumprir o estabelecido em lei. A Secretaria da Educação concebeu a proposta e a apresentou às três universidades estaduais paulistas, USP, Unicamp e Unesp, assim como à PUC-SP: o PEC – Formação de Professores.

Trabalhando em parceria, as instituições envolvidas na instalação do projeto – USP, Unesp e PUC-SP – superaram inúmeras dificuldades lembradas em diferentes depoimentos desta publicação e formularam um programa base, incluindo a elaboração de materiais didáticos comuns. Toda a logística foi, conforme definição tomada pela Secretaria, desenvolvida pela Fundação Carlos Alberto Vanzolini e gerida por professores da Escola Politécnica da USP. Tendo em vista a natureza e o contexto de um programa de ensino, a formatação final e o desenvolvimento do curso em cada instituição se revestiram de características próprias. A diversidade na unidade foi praticada, atendendo de um lado, às especificidades dos alunos, professores, tutores e assistentes envolvidos e, de outro, às particularidades das próprias universidades.

A avaliação externa realizada pela Fundação Carlos Chagas sobre o programa, largamente positiva, assim como as manifestações dos formandos impulsionaram significativa parcela dos municípios do Estado, com o apoio da Secretaria, a proporcionarem experiência semelhante para os seus professores de educação infantil. Nessa direção, atualmente, a USP desenvolve no chamado PEC - Municípios um curso especial, oferecido a 2.400 alunos-professores de diferentes municípios, incluindo o de São Paulo.

Nessa caminhada é possível que se cumpra neste Estado, no prazo estipulado pela LDB, uma adequada formação inicial dos professores em exercício na educação básica como um todo. Essa oferta de formação superior pelos poderes públicos estadual e municipais em parceria com universidades, recebida com entusiasmo pelos professores em exercício, assim como o bom nível dos resultados encontrados mostram um trabalho auspicioso no cenário brasileiro atual.

Esse movimento que faz convergir, de um lado, a oferta de cursos com o uso das mídias interativas pelas instituições reconhecidamente de boa qualidade e, de outro, a procura por formação continuada pelos professores em exercício, não parece ser impulsionado apenas pelos preceitos legais, mas também pela busca por conhecimento pelas crescentes parcelas da população na atualidade. Essa tendência é corroborada pela ampliação do número de matrículas nos cursos de graduação regular no Brasil, acompanhando o que ocorre em nível mundial.

Dados mostram que em 1960 havia em todo o mundo 13 milhões de estudantes matriculados no ensino superior; passando em 1990 para 48 milhões e em 1995, para 82 milhões, estimando-se para 2003, 100 milhões. No Brasil, passamos de cerca de 1,5 milhão em 1991 para quase 4 milhões (3.887.771) em 2003[2]. Tomando-se os últimos dez anos (1993 a 2003), o aumento do número de matrículas foi de 134%. A projeção calculada para 2010 aponta para mais de 9 milhões[3].

Além do aumento do número de estudantes, um fato auspicioso no País é o crescimento da diferenciação sócioeconômica dos alunos no ensino superior. Esse fato certamente foi impulsionado pelo aumento da oferta de cursos noturnos, observado nas instituições públicas mas, principalmente nas particulares.

Sobre esta questão, é importante assinalar que uma característica marcante do crescimento de matrículas no nosso país é a transição da oferta majoritária,

[2] Censo da Educação Superior. Brasília: Deas/INEP/MEC, 2003.

[3] Id., Ibid., 2003.

inicialmente mantida pelo poder público, para a iniciativa privada. Assim, do total de quase 4 milhões de estudantes brasileiros em 2003, cerca de 2/3 freqüentavam o ensino superior privado (70,8%). No Estado de São Paulo essa proporção é ainda maior, quase 5/6. Percebe-se, assim, que a demanda crescente pelo ensino superior tem sido provida principalmente pelo ensino privado.

Nesse contexto, o PEC – Formação de Professores colaborou de forma significativa para a democratização do ensino superior pois, além de ser um curso gratuito, também foi oferecido em turnos compatíveis com o trabalho dos professores em exercício.

O atendimento à grandeza de uma demanda socialmente estabelecida só poderia ocorrer lançando mão das oportunidades oferecidas pela tecnologia de comunicação moderna. Assim, de maneira suplementar, o PEC possibilitou, tanto para os docentes da rede estadual de educação básica, quanto para os professores universitários uma experiência fundamental de inserção numa metodologia diferenciada de ensino.

A instauração do uso das mídias interativas na educação faz parte de um movimento que certamente terá avanços significativos nos próximos anos, de maneira a modificar profundamente o ritmo de democratização do acesso ao conhecimento por parte de parcelas da população hoje excluídas desse direito.

No Brasil, apesar de a Constituição de 1988 e mais especificamente a nova LDB de 1996 propugnarem pela escolarização contínua de todos, tal proposição se depara com as dificuldades do nosso atraso na área educacional, e às limitações financeiras. Esse é o desafio que enfrentam os governantes das diversas instâncias administrativas, os profissionais da educação e a sociedade de modo geral.

Para responder à crescente demanda por escolarização em nível de graduação, assim como por educação continuada de boa qualidade para todos os brasileiros urge que exploremos as inúmeras alternativas de metodologia de ensino existentes. Entre essas, incluem-se, sem dúvida, as que se utilizam das novas tecnologias da comunicação, que possibilitam criar diferentes formas, espaços, tempos e ambientes de aprendizagem.

O PEC – Formação de Professores estabelece-se como uma experiência de sucesso de formação profissional com o uso de mídias interativas ao lado de outras que as utilizam em cursos não regulares, de capacitação e de extensão cultural.

Apesar da complexidade que um curso com mídias interativas pressupõe, é imprescindível que a universidade, invista cada vez mais na elaboração de projetos dessa natureza. Existe hoje uma aposta de que estamos frente a uma nova revolução cultural e social gerada pela informática, talvez comparável àquela permitida pela criação da gráfica. A mudança cultural que acompanhou o surgimento do livro impresso e, mais, do livro portátil, foi de tal ordem que repercute até os dias de hoje: atualmente é quase impossível dissociar a atividade educacional do livro e, não há dúvida, a informática se equipara em barateamento, aumento da eficiência e facilita a transmissão da informação. A atenção que se dedica à educação *on-line*, apesar de ser apenas um exemplo dessa revolução cultural e social moderna, talvez seja um de seus pontos principais no que tange a uma nova educação inclusiva.

Certamente, há muito o que aprimorar nos cursos com essas características. É necessário garantir mecanismos institucionais que capacitem os docentes para o domínio das técnicas de educação a distância, e os ajudem a superar a oposição simplista entre as duas modalidades, presencial e a distância, como antagônicas, ao invés de complementares.

No Brasil, ao contrário do que ocorreu em vários países, a modalidade não presencial de educação tem sido desconsiderada ao longo do tempo como possibilidade de formação de qualidade e em grande escala.

A legislação hoje vigente permite a quebra desse ciclo, na medida em que reconhece o papel da educação a distância enquanto estratégia de educação, inclusive da educação permanente.

Experiências realizadas com o desenvolvimento e uso das tecnologias educacionais levam a crer que se possam atenuar disparidades educacionais em várias partes do mundo e, dentro dessa perspectiva, projetos de ensino a distância são inseridos em políticas educacionais autodenominadas inclusivas. Apropriadas por investidores privados, tornam-se instrumentos da comercialização do ensino. Favorecem, deste modo, a expansão do mercado educacional e o surgimento de restrições sócioeconômicas impostas pelo ensino pago. Por isso é, mais uma vez, decisiva a participação aberta do poder público no gerenciamento dessas atividades de educação, dando clareza ao seu caráter educacional e separando-as de seu potencial caráter comercial e de *marketing*. A USP, como a maior universidade pública do País, não pode abrir mão de sua responsabilidade neste processo.

Esta publicação oferece a oportunidade de conhecimento de um processo, mas, principalmente, mostra-se como um espaço de reflexão e de estímulo ao aparecimento de novas propostas que contribuam para o avanço da democratização do conhecimento em nosso País.

Parabéns a todos os protagonistas deste projeto-inovação.

Sonia Teresinha de Sousa Penin
Pró Reitora de Graduação da USP
Atual Diretora da Faculdade
de Educação da USP

I - Programa de Educação Continuada: uma experiência de formação de professores na USP

AS MARCAS QUE O PEC - FORMAÇÃO UNIVERSITÁRIA - DEIXOU À COORDENAÇÃO DA USP

Marieta L. M. Nicolau
Coordenadora do Programa

Há muito tempo trabalho com a formação de professores e técnicos que atuam nas nossas instituições públicas de Educação Infantil e das séries iniciais do Ensino Fundamental.

Minha inserção no PEC – Programa de Educação Continuada, concebido pela Secretaria de Educação de São Paulo e desenvolvido em parceria com as universidades paulistas (USP, Unesp, Unicamp, PUC-SP) visando a formação em nível universitário de professores efetivos na docência das séries iniciais do ensino fundamental da rede estadual, deu-se a partir de um convite da professora Myriam Krasilchik, então diretora da Faculdade de Educação da Universidade de São Paulo, para que assumisse a coordenação do PEC–USP, a partir de abril de 2001 para uma gestão que se prolongaria até o início de 2002.

As primeiras informações que recebi sobre o PEC ressaltavam seu caráter inovador, o fato de ser um programa de formação universitária a distância cujo formato e currículo, em sua concepção, já eram diferenciados. Quanto à metodologia, esta caracterizava-se pelo emprego de recursos tecnológicos modernos, pela articulação de várias mídias (teleconferências, videoconferências, atividades pela *Internet on-line* e *off-line*), propiciando desse modo a construção de ambientes coletivos de aprendizagem. Contaríamos com a parceria de três universidades estaduais - Universidade de São Paulo, Universidade de Campinas, Universidade Estadual Júlio de Mesquita Filho - e de uma instituição particular, a Pontifícia Universidade Católica de São Paulo. As universidades estariam incumbidas da elaboração do conteúdo do programa: este foi concebido com a finalidade de integrar os diferentes campos do conhecimento de modo a romper com a estrutura estanque das disciplinas tal como elas se apresentam no currículo regular de um curso superior em Educação. Além disso, caberia a cada universidade, na área de sua responsabilidade, coordenar as atividades do Programa, que se desenvolveriam em ambientes de aprendizagem espalhados em 34 pontos (os pólos) distribuídos pelo Estado. Quanto ao gerenciamento do projeto a Secretaria da Educação indicou a Fundação para o Desenvolvimento da

Educação – FDE que, por sua vez, contratou a Fundação Vanzolini para administrar as inúmeras e diferentes atividades do Programa, em todas as suas etapas.

Desde o início apresentava-se para mim o desafio de participar de uma estrutura complexa que envolvia parceria com instâncias institucionais diversas tanto em sua organização quanto em suas finalidades – a Secretaria de Educação, as Universidades e a Fundação Vanzolini[1].

Assim, com o intuito de facilitar essa gestão compartilhada de um projeto tão complexo quanto sofisticado, a Secretaria da Educação constituiu um Comitê Gestor integrado por coordenadores representantes de cada universidade, por profissionais da Fundação Vanzolini, por representantes da FDE e da própria Secretaria. Ao Comitê caberia decidir, em última instância, sobre todos os aspectos e problemas que viessem afetar o desenvolvimento do Programa.

Foi na condição de Coordenadora do PEC-USP que iniciei minha participação, tomando parte da primeira reunião do Comitê Gestor, no dia 23 de abril de 2001. As discussões no grupo, coordenadas pelos profissionais da Fundação Vanzolini e da Secretaria da Educação, acendiam o debate sobre a eficácia desse programa inovador de formação; as conseqüências de utilização das mídias interativas com professores situados em ambientes de aprendizagem bastante distantes dos *campi* das universidades; as dúvidas quanto ao funcionamento do aparato tecnológico; as funções que os técnicos e os docentes assumiriam; as implicações que a participação no Programa traria para cada instituição em particular.

Como resultado dessa primeira reunião, foram apresentadas as seguintes atribuições do Comitê: coordenar o planejamento e a execução do Curso Superior de Graduação; analisar o conteúdo de cada tema dos módulos que desenvolveriam o currículo definido para o curso; acompanhar a produção de materiais de apoio às videoconferências e teleconferências; acompanhar e controlar a execução do convênio; autorizar toda e qualquer divulgação do Projeto; elaborar o Regimento e o cronograma de trabalho e de atividades do projeto. Ainda nessa mesma reunião, foi instalado o Grupo de Trabalho Acadêmico-Científico (GTAC), responsável pela elaboração dos materiais impressos e das provas.

As reuniões com o Comitê Gestor ou aquelas que realizadas entre os participantes das universidades multiplicaram-se ao longo do semestre e nelas foram tratados assuntos de várias naturezas – desde os acadêmicos até aspectos técnicos e operacionais. Os encontros mais específicos entre as universidades propiciaram um melhor conhecimento dos coordenadores e vice-coordenadores parceiros do Programa, permitindo a troca de pontos de vista, expectativas e dúvidas em relação à

[1] Confira, PLONSKI; SCAVAZZA; SPRENGER; à p. 27, nesta mesma obra.

formação de professores e, em especial, à modalidade de formação continuada que então se propunha.

Claramente, fui percebendo que o projeto iria ser delineado e construído em processo – um processo lento e delicado. Delicado pela natural disputa do poder decisório e desconfiança que o trabalho conjunto despertava entre as instituições e profissionais que jamais tinham participado de um programa realizado coletivamente, além, é claro, do receio que todos partilhavam em gerenciar um programa bastante inovador não só quanto ao currículo, mas também quanto à metodologia. O que me parecia que pesava mais era a desconfiança em relação à eficácia da tecnologia, ao modelo de "ensino a distância".

Naquele momento já partilhava da opinião de que a integração dos meios de comunicação aos processos educacionais não poderia mais se constituir em objeto de discussão. Já então concordava com o ponto de vista de Belloni (2003) que defende que a "disseminação da informática pôs a escola perante o desafio de uma nova linguagem presente na sociedade, não só no mundo do trabalho, mas também no lazer e na cultura, e ausente da escola"[2] Ainda, segundo a autora, há urgência na integração dos meios de comunicação mais atuais aos processos educacionais, pois que eles estão presentes em todas as esferas sociais.

Foi precioso o tempo de discussões em julho, quando pudemos reduzir os desentendimentos e discutir as nossas diferentes concepções ideológicas. Infelizmente, nem tudo pôde ser equacionado e atendido, de forma que, após uma reunião com a secretária estadual da Educação, a Unicamp, dias depois, desligou-se do Programa.

As resistências ocorreram em vários âmbitos. Na Feusp, também as encontramos. Houve colegas que jamais colaboraram com as atividades do programa. Assim mesmo, convidei alguns deles, várias vezes, até que entendi que se tratava de uma posição tomada em grupo e respeitei a decisão. Como Toschi e Rodrigues (2003), compartilho da opinião que "quando a tecnologia é nova e não é bem compreendida é normal a resistência e a criação de diferentes mitos sobre ela"[3]. Porém, considero também que outros fatores podem influenciar a rejeição ou adesão às inovações.

Mas ao lado das resistências, há que se ressaltar a contribuição daqueles que ajudaram o PEC-USP a atingir o nível de qualidade conseguido. E essa ajuda se fez sentir em várias frentes – professores que colaboraram na elaboração dos materiais impressos, na apresentação das vídeo e teleconferências, como orientadores junto às diferentes turmas de alunos-professores.

Após essa breve contextualização a respeito do projeto, de suas instâncias de gestão/participação, do nível de complexidade de um trabalho coletivo que

[2] BELLONI, Maria Luiza. A televisão como ferramenta pedagógica na formação de professores. **Educação e Pesquisa**, São Paulo, v.29, nº 2, p.287-301, 2003.

[3] TOSCHI, Mirza Seabra; RODRIGUES, Maria Emília de Castro. Infovias e educação. **Educação e Pesquisa**, São Paulo, v.29, nº 2, p.313-326, jul/dez. 2003.

abrange diferentes atores institucionais, passo ao relato de minha atuação como coordenadora, no âmbito das atividades de execução do PEC-USP.

O primeiro grande desafio foi compor o grupo de coordenação na própria USP. Já com a participação da professora Myriam Krasilchik, como vice-coordenadora, busquei selecionar profissionais competentes e com experiência de trabalho em projetos educacionais e/ou instituições de ensino. Pudemos então contar com a experiência de Maria Inês Coltri que havia se aposentado como diretora acadêmica na Feusp, com largo conhecimento da legislação de alunos e prática administrativa. A ela veio se somar a experiência de Irani Xavier Garcia Fontanetti, funcionária aposentada como secretária de departamento da Feusp, profissional dotada de um poder de comunicação excelente e com enorme disponibilidade para atender os desafios do projeto. Além delas, uma estagiária, Caroline Raquel de Souza, nossa aluna do curso de Pedagogia que se encaixou no grupo com naturalidade e eficiência. Também as colaborações experientes de Osmar Antonio Pereira e Eduardo Guimarães Barroso vieram somar-se à equipe.

Uma equipe constituída na base da competência, do profissionalismo, do envolvimento com os objetivos do projeto e, sobretudo, com espírito de equipe e de compartilhamento de decisões em busca de um fim comum. O fato é que conseguimos estabelecer um relacionamento muito saudável entre todos, o que fez com que respondêssemos por todos os desafios e problemas que foram surgindo. Enfim, motivação e trabalho de equipe foram os princípios nos quais me baseei para alcançar essa coesão e participação do grupo na instalação do programa.

E o primeiro grande desafio para uma equipe de coordenação, naquele momento ainda incompleta, foi a seleção dos tutores e orientadores do PEC, entre maio–junho de 2001.

A Secretaria da Educação e a equipe operacional do PEC, divulgaram o edital de inscrição pela *Internet*. A quantidade de inscritos foi imensa como também a documentação recebida. Para apreciar e avaliar os documentos enviados estabeleci de pronto critérios que nos ajudassem a selecionar os tutores que atendessem o perfil que desejávamos ter.

Lembro-me de termos selecionado, inicialmente, cem profissionais, depois, 80 e, finalmente, 70, prevendo dez como reservas para as desistências. Os critérios que mais prevaleceram foram: profissionais com experiência na formação de professores de 1ª a 4ª séries, preferencialmente; professores dos Cefams; coordenadores pedagógicos, supervisores, diretores e técnicos sediados no sistema público de ensino. A seguir mapeamos os locais e horários de trabalho dos candidatos a tutores, os respectivos endereços e os pólos de funcionamento do PEC - Formação Universitária; entramos em contato telefônico com todos. Tivemos muito pouco tempo para um trabalho que foi "insano". Lembro-me de termos ficado envolvidos com a seleção dos tutores nos períodos da manhã, tarde e noite durante vários dias.

Até que chegássemos à lista definitiva dos 60 tutores, entrevistamos muitos dos inscritos. A cada um deles, repetíamos, que o tutor era muito importante porque teria o privilégio de estar diariamente com nossos alunos-professores e aproveitávamos também para dar uma idéia geral do programa.

Após a escolha dos tutores, veio toda uma parte burocrática, relacionada à contratação deles, assumida pela Fafe, em parceria com a Coordenação do PEC-USP.

O mesmo cuidado norteou a escolha dos orientadores e assistentes. Recebida a inscrição dos candidatos, estes foram selecionados tendo em vista sua formação acadêmica e procurou-se privilegiar aqueles cujas dissertações e teses tinham como tema a formação de professores ou aspectos afins. Do mesmo modo que abrimos possibilidades de áreas de formação, também não restringimos a escolha a alunos provindos da USP e Feusp apenas, facilitamos a chance para alunos de fora da instituição.

Queríamos garantir que o orientador tivesse uma experiência acadêmica e de pesquisa, não importando o seu campo específico de formação. Era necessário um profissional com experiências para orientar o aluno-professor não só na elaboração do trabalho de conclusão de curso (TCC) , mas também nas atividades do programa para desenvolver no aluno-professor habilidades de pesquisa e de reflexão teórica.

O nosso envolvimento com as propostas e atividades do PEC - Formação Universitária foi-se dando cada vez mais intensamente. Nos poucos meses que ainda dispúnhamos antes do início das atividades de formação propriamente dita, que ocorreria em agosto de 2001, a Coordenação pôde experimentar, na interface com as várias instâncias decisórias do projeto, como os momentos de planejamento/discussão se misturavam com os da própria execução. Tudo, era para "ontem": assim, as reuniões com o grupo do PEC operacional e as universidades envolvidas se intensificaram e se multiplicaram; do mesmo modo, enquanto coordenadora, não podia ausentar-me das discussões que ocorriam em todas as instâncias do projeto exigindo de nós um intenso planejamento e delineamento de metas a serem constantemente atingidas de modo a oferecer o melhor ao aluno-professor.

Participava quase simultaneamente das reuniões do Comitê Gestor, última instância decisória do Programa, mas, antes dessa decisão final, tudo era discutido previamente no Grupo Técnico-Acadêmico: o cronograma das atividades *on-line* e *"off-line"*; as atividades de ensino aprendizagem (vivências educadoras, oficinas culturais, video e teleconferências); os instrumentos e procedimentos de avaliação (provas) e as orientações aos tutores, orientadores e assistentes.

Tudo passava pelo crivo do Comitê antes da decisão final. Particularmente, aí se discutiam também as linhas que orientariam a elaboração dos materiais impressos que os alunos receberiam: temas; conteúdos e formato. É importante lembrar que essa elaboração começou a ocorrer com os alunos já cursando, fazendo a capacitação em informática, isso tudo em julho. Mas não foi apenas a produção do material que demandou atenção e pressa: foi discutida a questão dos direitos autorais; os prazos "apertados" para a preparação e impressão dos originais na gráfica e, sobretudo, o aspecto operacional que envolvia a sua distribuição nos pólos – principalmente aqueles situados em cidades distantes.

O relato desses eventos oferece bem uma imagem da "compressão", complexidade e dinâmica exigidas da coordenação e equipe para que os pólos começassem a funcionar com plena capacidade e com o suporte humano e tecnológico postos à disposição pelo Programa, já no início do segundo semestre de 2001. Com muita versatilidade e acreditando no trabalho em equipe, na delegação de responsabilidades, a coordenação foi enfrentando o desafio de lidar concomitantemente com os aspectos acadêmicos, técnicos e operacionais do projeto.

Foi uma preocupação constante da coordenação não esquecer ou minimizar um dos pilares mais importantes do projeto – a sua dimensão humana – sem o que todo a aparato tecnológico não lograria êxito.

Por isso, mesmo não tendo sido esse um procedimento adotado por todos os demais coordenadores do PEC – Formação Universitária, decidi iniciar um trabalho de acompanhamento *" in loco"* dos pólos. Estabeleci um cronograma e comecei a visitar as 49 turmas. Vários motivos me levaram a fazer tais visitas: o principal deles era o resgate da dimensão humana e o contato mais próximo com os participantes implicados nessa complexa rede de formação.

No que diz respeito aos alunos-professores, conhecê-los e observar a sua relação com os tutores em todos os pólos foi muito proveitoso. Não só pelo fato de podermos dirimir conflitos no grupo, como também ouvi-los na "condição de alunos". Foi possível então refletir com eles o fato de que muitos dos problemas apresentados decorriam das dificuldades que sentiam em separar a sua vida profissional da etapa acadêmica que estavam vivenciando. Muitos temas foram objeto de nossas conversas com os professores-alunos: o porquê da inclusão de certas atividades no currículo em desenvolvimento, por exemplo, a necessidade de se produzirem as memórias; a finalidade do Trabalho de Conclusão de Curso; o porquê das provas e, ainda, o fato delas não poderem ser feitas em grupo. Enfim, dei espaço para os alunos debaterem e conversarem sobre o que desejassem comigo – um modo de fazê-los refletir que estavam num novo ambiente de formação e que sua atitude diante dessa nova realidade deveria ser outra.

Mais do que ouvir e apoiar reclamações dos alunos e tutores quanto a problemas técnicos/operacionais (recepção de imagem, falta de livros no acervo das bibliotecas existentes nos Centros Específicos de Formação e Aperfeiçoamento do Magistério - Cefams e até mesmo a impossibilidade de empréstimo de livros desse acervo), minha presença nos Centros tinha por objetivo mediar alguns conflitos surgidos entre diretores e os tutores e/ou alunos desses pólos. Embora eu fosse a muitos deles agradecer as boas condições de trabalho que seus diretores criaram para o bom funcionamento do pólo, houve exceções. Alguns diretores de Cefams não conseguiam conceber os alunos-professores do PEC como universitários, tratando-os como se fossem crianças ou adolescentes, sujeitos, portanto, às normas estabelecidas, o que provocava a queixa dos tutores e alunos. Percebia-se claramente que muitos diretores não tinham também a percepção de que o Centro era um espaço público.

Assim, a escuta atenta de cada crítica e de cada sugestão, o fato de nenhuma delas ser descartada sem que fosse cuidadosamente pesada e respondida instaurou um clima de confiança e apreço mútuos, fazendo com que se despertasse em nós o desejo de cada vez fazer a nossa tarefa melhor.

Essas idas aos pólos serviram para eu ter certeza de quanto o curso estava sendo bem recebido, além de os alunos, espontaneamente, relatarem quantas mudanças positivas estavam ocorrendo com eles em suas respectivas salas de aula.

Além desses depoimentos ao vivo, continuamos as nossas conversas por *Internet*. A quantidade de *e-mails* que recebíamos elogiando o PEC era de tal ordem, que abrimos pastas e pastas, cujos conteúdos eram lidos por toda a equipe com muita alegria. Nós respondíamos a cada um, sempre argumentando e procurando aprimorar a nossa atuação e a deles. Tínhamos conseguido realizar uma mediação bastante frutífera entre a equipe de coordenação e os grupos e parceiros dos pólos.

Foi também iniciativa da Coordenação do PEC-USP a introdução das "Semanas Presenciais" no Programa. Essas semanas foram realizadas em janeiro e julho de 2002, com a finalidade de os alunos – professores conhecerem e vivenciar o rico acervo cultural da Universidade de São Paulo e, ao mesmo tempo, participar de uma série de atividades que contribuíssem para seu aprimoramento pessoal e profissional.

Assim, a Coordenação do PEC-USP planejou para 1.705 participantes um programa de atividades do qual constaram: a) visitas culturais monitoradas à Estação Ciências, ao Centro Cultural Maria Antonia, ao Museu de Arte Contemporânea, Museu de Arqueologia e Etnologia, ao Teatro da Universidade de São Paulo, ao Instituto Astronômico e Geofísico (Água Funda), ao Instituto Butantã; b) oficinas culturais sobre temas de interesse e relacionados aos conteúdos curriculares do curso de formação; c) palestras e mesas redondas sobre temas relevantes e atuais do campo educacional, tais como: " Inclusão de alunos com necessidades especiais em classes comuns do Ensino Fundamental"; "Literatura e Letramento"[4].

Durante a Semana Presencial, a Coordenação do PEC-USP teve oportunidade de fazer um levantamento das opiniões dos alunos-professores a respeito do conceito de inclusão e dos fatores que impedem, dificultam ou facilitam a criação de condições adequadas para viabilizá-la. Foi uma ação de pesquisa bastante produtiva que ofereceu dados imediatos e próximos da vivência educadora desses alunos-professores: ação que mostrou a viabilidade e a oportunidade da pesquisa no interior de um Programa de Formação de Professores em desenvolvimento[5].

Hoje, terminado o PEC – Formação Universitária, posso explicitar alguns princípios que nortearam a nossa atuação na coordenação do PEC na Universidade de São Paulo:

1. Os alunos-professores foram sempre o nosso alvo principal. Estiveram sempre presentes nos nossos anseios e decisões; queríamos oferecer todas as condições possíveis para que eles refletissem sobre a escola pública, associando teoria e prática; queríamos a mudança para melhorar a atuação de todos eles. Cabe lembrar as afirmações de Furter (1973)[6] sobre o "destino" das reformas educacionais. Lembra o autor que a crença na difusão progressiva e automática das idéias novas está muito difundida no meio educacional, seja por um "utopismo" pedagógico, ou por um posicionamento ingênuo na educabilidade infinita da humanidade. Afirma ainda que muitos educadores fracassaram nas reformas que tentaram realizar porque não se detiveram nas mediações sociais que favorecem a passagem de suas invenções às inovações; ou, ainda, não fizeram a autocrítica de certos aspectos que existiam porque

[4] Na Semana Presencial de janeiro de 2002 foram oferecidas 30 oficinas no conjunto de todas as áreas curriculares contempladas: Física, Ciências, Matemática, Artes Visuais, Artes na natureza, Biodança, Literatura, Arte de contar histórias, Redação, Música e Educação Física, jogos , História e Geografia. Já na de julho, foram oferecidas 27.

[5] Os dados referentes às percepções e às possíveis representações dos alunos-professores sobre o tema da inclusão estão consubstanciados em relato elaborado pela Coordenação do PEC-USP, em 2002.

[6] FURTER, P. **Educação e vida**. Petrópolis: Vozes, 1973. p.55-56.

tais inovações estavam na moda. Considerando tais afirmações, podemos dizer que, na coordenação do PEC–USP , a nossa equipe procurou sempre levar em conta as mediações que deveríamos considerar em relação a todos os envolvidos no programa, em constante abertura às críticas e às superações dos problemas.

2. Outro princípio que norteou o trabalho de coordenação do PEC, na USP, foi a valorização dos tutores. Pelo fato de interagirem diretamente com os alunos - professores, de segunda a sábado; eles mereceram nossa especial atenção. Construímos uma relação profissional de amizade, confiança e franqueza por meio de uma comunicação intensa por *e-mail*, telefone e muitas reuniões na USP, ou, em alguns sábados, após o término das atividades nos pólos, reuniões que se estendiam das 14 às 18 horas. Nossas reuniões iniciavam-se pelo levantamento de aspectos positivos e negativos do trabalho feito pelo grupo de tutores de cada pólo; a seguir, analisávamos o cronograma que era seguido pelas três universidades, um documento bastante difícil de ser entendido. Além desses aspectos, os tutores debatiam também idéias de autores que estavam diretamente relacionadas ao tema da formação de professores, como Perrenoud, Nóvoa, Formosinho e Charlot. No momento em que o desenvolvimento da programação contemplava um determinado tema e/ou conteúdo, convidávamos também colegas responsáveis pela elaboração do material impresso ou pelas videoconferências para que antecipassem os assuntos a serem tratados e destacassem os pontos fundamentais aos nossos tutores mediante uma intensa discussão. Além das reuniões, foram muitos os atendimentos individuais específicos, solicitados pelos tutores ou provocados por nós. Com esses procedimentos, conseguimos estabelecer uma "via" para que as diretrizes do programa fossem postas em prática, os problemas e dificuldades operacionais fossem aparados, de forma a minimizar os possíveis desvios na execução. Nesse acompanhamento, tentamos "equilibrar" as necessidades dos tutores – as de natureza prática provenientes de sua participação direta e diária no processo de formação de professores e as de natureza teórica, porque necessitavam também de suporte conceitual para orientar os alunos-professores na realização das atividades curriculares.

3. Outro princípio, foi o trabalho de equipe que conseguimos imprimir ao nosso grupo no cotidiano. Aqui vale lembrar o próprio conceito de motivação para Piaget (1960 apud Battro, 1978, p. 62)[7], a motivação é o produto de um desequilíbrio entre o processo de assimilação e acomodação, de modo que este "desnível" vai criando novas assimilações dirigidas principalmente para aqueles objetos capazes de produzir um desequilíbrio maior, porque são parcialmente assimiláveis.

[7] BATTRO, A. M. **Dicionário terminológico de Piaget**. São Paulo: Pioneira, 1978.

Isso acontecia comigo e com os membros da nossa equipe tão pequena em número e tão grande na garra para enfrentar as dificuldades. Muitos foram os problemas iniciais enfrentados por nós em relação aos aspectos tecnológicos, como, por exemplo, a dificuldade de entrada no sistema: recepção, conexão, entre outros.

Da mesma forma, enquanto coordenadora, fomos enfrentando facilidades e dificuldades no processo de elaboração dos materiais impressos que os alunos receberiam: a escolha de textos já publicados; a redação de textos novos; as concepções teóricas diversas defendidas pelos membros de cada grupo; valores diferentes, posições conflitantes, dificuldades no processo interativo com alguns colegas das universidades e do PEC operacional. Um outro fator dificultador foi a quantidade desigual de elementos, por universidade, nos vários grupos; isso contribuiu para que as relações ficassem assimétricas pela quantidade desigual de membros, e que houvesse dispersão de idéias. Da mesma forma, a ausência de uma das universidades no processo de elaboração dos materiais impressos, e que no final do trabalho, chegavam profissionais que queriam garantir as suas posições com a proposta praticamente concluída.

Esse desnível entre o processo de assimilação e acomodação também pôde ser observado quando começamos a acompanhar o trabalho desenvolvido pelos orientadores nos pólos.

À medida que entraram os orientadores no Programa, intensificamos as reuniões com eles; as pautas visavam oferecer a eles uma caracterização das várias turmas de alunos-professores e das necessidades relacionadas às escritas de memórias, à redação em processo do Trabalho de Conclusão de Curso, bem como dos procedimentos e critérios de avaliação dos trabalhos que seriam desenvolvidos ao longo do curso. Lembro-me de termos discutido muito sobre as necessidades de cada um deles visitar os pólos a cada 15 a 20 dias, além de utilizar a *Internet* para comunicação. Aos poucos, fomos conseguindo que quase todos os orientadores começassem a freqüentar mais assiduamente os pólos.

Em minhas idas aos pólos, assumi, muitas vezes, o papel de mediadora das necessidades dos alunos com os orientadores. Todos tinham mestrado, uns já eram doutorandos ou doutores, daí a necessidade de sempre lembrá-los de que a maioria dos nossos alunos-professores trabalhava em dois períodos e estudava num terceiro, e que os afazeres acadêmicos ficavam mais para a parte do sábado à tarde e o domingo. Além disso, por muitos anos, eles tinham ficado distantes dos meios acadêmicos, apresentavam dificuldades de expressão escrita. Era uma situação diferente daquela vivenciada pelos pós-graduandos e bolsistas. Era um aspecto para o qual eles deveriam atentar durante o exercício de sua função de orientador e, particularmente, nas situações de avaliação e nas exposições e comentários.

Em várias reuniões criamos condições para que tutores e orientadores estivessem juntos, discutindo os problemas. De um modo geral, tutores e orientadores trabalharam juntos; houve, no entanto, situações de conflitos de papéis ou de alguns poucos orientadores e tutores que não se envolveram com o trabalho e que não ofereciam uma retroinformação aos alunos de modo que eles pudessem se aprimorar. Foram raras, mas aconteceram dispensas de tutores e orientadores.

Assim, quer no âmbito da equipe de coordenação quer na interface com as outras instâncias institucionais e os sujeitos implicados no processo de formação, a coordenação da USP tentou mediar os conflitos, procurando sempre a via da discussão em grupo com a finalidade de fazer prevalecer o que parecia ser o correto e o mais adequado para o Programa e os sujeitos nele envolvidos.

4. Outro princípio que norteou a nossa atuação foi entender o mundo atual, tentando mostrar que o que se faz necessário é que cada um busque atitudes flexíveis e coerentes para que se possa pensar a realidade de muitos modos e visando o bem-estar de todos.

Assim, num mundo tão complexo, o uso das mídias não poderia ser somente instrumental, apenas como ferramenta. Concordo com Belloni (2003) quando afirma que "[...] da mesma forma que a escola desenvolve a competência lingüística para a apropriação inteligente e criativa da língua, ela deve desenvolver competências relacionadas às tecnologias de informação e comunicação[8]."

Considero também o que Toschi e Rodrigues (2003) afirmam sobre a necessidade de "[...] superar a visão reduzida que se tem das tecnologias, pois a compreensão mais presente, tanto na sociedade como nas escolas, é de que tecnologia se restringe ao aparato tecnológico, sem levar em conta sua dimensão cultural, ética e estética[9]."

Ainda, segundo as mesmas autoras, penso que é importante assinalar que:

> *Questões políticas, de gestão de processos e administração de instituições, interferem sobremaneira nas ações que envolvem as tecnologias, em especial quando elas estão em ambiente no qual as ações desenvolvidas ainda não fazem parte do processo de formação dos docentes, onde não há especificidade para fins educacionais [...]*[10]

[8] BELLONI, Maria Luiza. A televisão como ferramenta pedagógica na formação de professores. **Educação e Pesquisa**, São Paulo, v.29, nº2, p.289, 2003.

[9] TOSCHI, Mirza Seabra; RODRIGUES, Maria Emília de Castro. Infovias e educação. **Educação e Pesquisa**, São Paulo, v.29, nº2, p.316, jul/dez. 2003.

[10] Id., Ibid., p.316.

As citações aqui feitas parecem-me oportunas, pois fazem referências a aspectos que coincidem com os dados colhidos em minhas observações e interações com os diferentes grupos, nos pólos e em outras instâncias do projeto.

5. Um princípio que tentamos atingir foi o da busca de competência. Macedo cita Perrenoud[11] que define competência, valorizando os seus três domínios: a tomada de decisão, a mobilização de recursos e a ativação de esquemas.

Macedo, um construtivista, ainda lembra que:

> *[...] o desafio é coordenar perspectivas em um sistema complexo e aberto, marcado por oposições, tensões, conflitos, dificuldades e perspectivas nem sempre convergentes. O professor, por exemplo, em sala de aula, lida com muitas dimensões que operam ao mesmo tempo – crianças conversando, rindo, algumas fazendo uma coisa, outra fazendo outra, algumas acertando as propostas do professor, algumas não querendo nada, não entendendo o sentido das tarefas, com conflitos de tempo, espaço, materiais, temas ou conteúdos escolares. Ou seja, tomamos muitas decisões em sala de aula. Só que, hoje, as tomadas de decisão estão marcadas pela multiplicidade de fatores, conflitos ou tensões.*[12]

Continuando com o pensamento de Macedo[13], entendo que esta postura norteou as nossas ações na coordenação do PEC–USP: queríamos contribuir para formar um professor capaz de enfrentar os desafios de decidir sozinho, mas num contexto relacional, coletivo e sob a primazia do 'nós', do 'nosso', e não do 'mim' ou do 'eu' apenas".

Segundo ainda Macedo, tomar decisões, mobilizar recursos e ativar esquemas significa desenvolver:

> *[...] padrões de comportamento, gestos, formas de agir, que nos permitem enfrentar uma situação – problema, tomar uma decisão, fazer alguma coisa. Os esquemas são organizadores de nossas condutas, ações ou pensamentos. Permitem-nos assimilar, qualificar e ajustar à experiência. São o conjunto do nosso saber dizer, realizar, compreender e conviver com pessoas e coisas.*[14]

---

[11] MACEDO, Lino de. Para o desenvolvimento de competências e habilidades na escola. In: MATOS, Cauê (Org.). **Ciência e Arte**: imaginário e descoberta. São Paulo: Terceira margem, 2003. p.41.

[12] MACEDO, Lino de. Para o desenvolvimento de competências e habilidades na escola. In: MATOS, Cauê (Org.). **Ciência e Arte**: imaginário e descoberta. São Paulo: Terceira margem, 2003. p.41.

[13] Id., Ibid., p.44.

[14] Id., Ibid., p.44.

Em nossa atuação no PEC - Formação Universitária, priorizamos também o que Perrenoud (2000)[15] chama de "esquemas transversais", ou seja: saber ler, analisar, observar, identificar, escrever, calcular, os esquemas que a criança utilizará enquanto ser humano. Da mesma forma, Raths(1972)[16] e colaboradores destacaram as habilidades operatórias do pensamento (identificar, observar, comparar, seqüenciar, analisar, sintetizar, generalizar), indicando que o professor não pode garantir que os alunos pensem, mas devem oferecer oportunidades para que eles o façam.

Partimos sempre do princípio de que o professor que valoriza a sua própria reflexão, naturalmente, cria condições para que seus alunos pensem no significado das coisas e utilizem a sua criatividade na solução dos problemas que lhes aparecem.

Terminando este relato, deixo claro que foi uma alegria imensa ter sido escolhida paraninfa de todas as turmas; constatar a beleza e a garra dos alunos-professores presentes nas memórias que escreveram. Eu sorteei 10% dessas Memórias e, com emoção, constatei o significado que o PEC - Formação Universitária - USP teve para eles: o resgate da auto-imagem positiva foi algo destacado por praticamente todos; o término e entrega dos trabalhos de conclusão de curso, muitos em níveis bons e ótimos; o resultado alcançado no período de recuperação (janeiro, fevereiro/2003) mostra um desempenho além do esperado.

Finalmente, um ano após o curso ter terminado, ainda recebemos visitas de nossos ex-alunos. Nada paga isso.

[15] PERRENOUD, Philippe. Construir competências é virar as costas aos saberes? **Pátio**, v.3, nº11, nov.1999/jan.2000. p.15-19.

[16] RATHS, Louis E. et al. **Ensinar a pensar**. São Paulo: Heder, 1972.

PEC – PROGRAMA DE EDUCAÇÃO CONTINUADA
FORMAÇÃO UNIVERSITÁRIA
Uma nova ecologia do aprendizado

Myriam Krasilchik
Vice-Coordenadora do Programa

O ensino superior em âmbito internacional vive uma fase em que grandes tensões exigem mudanças para atender as novas e crescentes demandas.

No Brasil a necessidade imperativa de melhorar o ensino em todos os níveis aprofundou e ampliou a sempre presente preocupação com a formação e aperfeiçoamento de professores para a escola fundamental e média. Uma das expressões desse pleito encontra-se na Lei de Diretrizes e Bases da Educação Nacional – Lei nº 9.394 de 20 de dezembro de 1966 que ao incluir em seu título VI normas relativas aos profissionais de educação, estipula que para atuar em educação básica a formação dos docentes será feita em nível superior. A determinação legal provocou uma grande procura por cursos pelos professores em exercício, a fim de atender a exigência de titulação universitária.

Associação de fatores como busca do título, conseqüente promoção na carreira e necessidade de aprimoramento estimulou a procura de alternativas para atender ao grande número de profissionais que atuam nos sistemas estaduais e municipais de ensino. Oportunidades de freqüentar um curso de qualidade e inovador, que repercutisse e trouxesse conseqüências à sala de aula e ao aproveitamento do aluno foram demandadas em muitos Estados da federação.

Uma dessas experiências resultou de trabalho conjunto entre a Secretaria de Educação do Estado e as Universidades – USP, Unesp e PUC de São Paulo – as quais desenvolveram, durante dezoito meses, um projeto para professores de 1ª a 4ª série da Escola Fundamental, efetivos, em exercício nas escolas estaduais.

Foi estruturado um complexo sistema multimídia para atender a enorme clientela potencial de docentes estimada em 10 mil pessoas. As três universidades organizaram equipes para produzir material impresso e eletrônico divididos em módulos focalizando temas centrais em substituição às disciplinas tradicionais dos cursos de pedagogia.

A forma como foi organizado o trabalho mereceu reparos e críticas em relação a sua duração quando comparada com a dos cursos regulares de formação de professores. Outras críticas foram endereçadas à estrutura dada ao curso – uma combinação de atividades presenciais, material impresso, vídeo e teleconferências – o que limitaria a possibilidade de participação dos alunos, desfavorecendo a sua formação geral.

As turmas foram compostas por grupos de 40 estudantes funcionando nos Cefams – Centros Educacionais de Formação do Magistério da Secretaria Estadual de Educação. Cada classe foi acompanhada em todas as atividades por um tutor cuja função era auxiliar os alunos no novo empreendimento e estabelecer ligação com a coordenação geral. Além dos tutores cada classe ficava também a cargo de um professor assistente que atendia os estudantes no trabalho *on-line*. Havia também um professor orientador que prestava assessoria no desenvolvimento de pesquisas exigidas pelo curso, corrigia provas, relatórios e apresentava mensalmente informações sobre o desempenho de cada aluno, o que servia de orientação para verificar o progresso e identificar os pontos nos quais cada um precisava de apoio.

Já em 1976, Bronfenbrenner[1] abriu uma nova linha de análise considerando: "Se e como as pessoas aprendem em diferentes situações em função de um conjunto de forças...". O estudo científico dos conjuntos de relações que afetam o aprendizado constitui a ecologia da educação e representa um foco necessário e significativo da pesquisa educacional. Nessa visão, o PEC propõe o que Brown (2000)[2] chama de Nova Ecologia de aprendizado. A expressão é feliz porque considera elementos organizados e interdependentes formando um sistema complexo construído para promover aprendizagem num curso de formação de professores.

No caso do PEC – Programa de Educação Continuada, houve a confluência de vários elementos que caracterizam o que é denominado na literatura como "cultura impressa" e como "cultura digital". Ao longo do projeto verificou-se que essas "culturas" freqüentemente contrapostas podem associar-se suprindo as deficiências uma da outra aperfeiçoando seus potenciais.

A cultura impressa é melhor compreendida como via de mão única indo do expositor para o receptor. Esse expositor é uma pessoa, um livro, a televisão, um filme. O receptor, no nosso caso o aluno recebe o material preparado e organizado por uma autoridade no campo, sobre o qual deve pensar, opinar sem no entanto contribuir para sua construção.

No caso da cultura digital, o processo de produção de conhecimento é comum e colaborativo, resultado de um diálogo contínuo, geralmente, abordando aspectos conceituais e problemas práticos oriundos da vivência na escola.

[1] BRONFENBRENNER, Urie. The experimental ecology of education. **Educational Researcher**, nº9, p.5-15, 1976.

[2] BROWN, J.S. Growing up digital. **Change**, mar./apr., 2000.

Essa nova ecologia, portanto, tem significados que podem estar associados a um conjunto que constitui o "currículo oculto ou latente" do projeto, de tal sorte que um acervo de concepções e valores que ampliam as possibilidades do processo educativo é implicitamente transmitido.

Anderson (2001)[3] explica que, "[...] raramente, o conceito de currículo oculto foi aplicado à educação a distância, embora a disciplina relacionada à tecnologia educacional tenha sido freqüentemente acusada de esconder muitas agendas". Sem dúvida, a capacidade de aprender fora do ambiente da tradicional sala de aula, entre outros elementos mediando as relações professor-aluno-aluno, é um poderoso elemento do currículo latente.

Alguns outros exemplos dessa agenda merecem menção. O uso de mídia interativa permite ter com especialistas que, por serem muito requisitados, não poderiam atender o mesmo público em aulas convencionais. Ainda mais significativo foram a importância e o cuidado que os promotores dedicaram ao projeto recrutando o melhor dos seus quadros e de outras instituições nacionais e estrangeiras para dar a professores-alunos a oportunidade de interagir pessoalmente, nas semanas presenciais e nas aulas, com os tutores, coordenadores, orientadores e assistentes e, indiretamente, nas vídeo-aulas e teleconferências. Tratando-se de profissionais em exercício, a oportunidade de apresentar, discutir e disseminar o intercâmbio de experiências é parte nuclear do processo de formação e de aperfeiçoamento de ensino que pretende ser potencializado pela organização do trabalho.

No PEC, combinaram-se elementos das culturas digital e impressa possibilitando o estudo independente e em grupo de material para leitura e atividades, o uso da videoconferência e outras ferramentas como o *Learning Space* para a discussão dos temas dos vários módulos componentes do projeto. Tal organização exigiu dos alunos e docentes uma interação intensa, de dupla via, bem como levou a variar também o tipo de recepção não mais limitando-a ao texto, mas incluindo imagens, mapas e gráficos. A possibilidade de buscar elementos em diferentes espaços de informação armazenados nos bancos de dados da rede, com apoio de vários docentes – tutores, orientadores e assistentes - , ampliou as fontes de informação, de sugestão metodológica e de questões as quais servem para que o professor-aluno analise o seu próprio desempenho na escola.

Sem dúvida, os seis mil professores participantes do projeto passaram por um radical processo de revisão da sua concepção e expectativa de curso, fundados apenas no conceito de aulas tradicionais, geralmente, expositivas, na análise de textos e, em casos mais raros, na observação e discussão das aulas dadas para os alunos de 1ª a 4ª série. No início, alguns acolheram a mudança com perplexidade, mas, ao longo do curso, a adaptação foi surpreendentemente fácil.

[3] ANDERSON, Terry. The hidden curriculum in distance education: na updated view. **Change** , nov./dec., 2001.

A primeira transformação ocorreu no hábitat comum dos estabelecimentos de ensino: de um hábitat que se confina a uma sala de aula com mesa, carteira e lousa passa para um hábitat que inclui outros ambientes e artefatos, como salas de diferentes configurações, computadores, televisores e espaços para teleconferências, entre outros. Essa variedade requereu a adaptação do aluno a diferentes locais, e também produziu uma variedade de interações (docentes-alunos, aluno-aluno, docente-instrumento) e resultou em mudanças de postura e aquisição de segurança. Nas reações iniciais, os professores-alunos mostraram-se muitas vezes temerosos e ansiosos, mas essas reações foram sendo substituídas pela aceitação da nova configuração de elementos para aprendizagem. O próprio conceito de ensino presencial ou a distância é um elemento de mudança do habitual, pois causa estranheza pelo uso de recursos que alteram a relação do ensino pessoa a pessoa. Uma tendência, entre alguns, é a rejeição ou a tentativa de aproximar, tanto quanto possível, as novas relações do estilo tradicional expositivo, desconsiderando as possibilidades do chamado ensino aberto.

Trabalhar com tópicos que foram reelaborados em conjunto, de forma a reconhecer a natureza social do aprendizado leva o professor a melhor compreender como o aluno deve participar ativamente da construção do próprio conhecimento. Diluem-se as diferenças entre produto e processo quando estudantes empenham-se em resolver problemas em espaços digitais por via eletrônica com auxílio dos orientadores e de uma imensa possível lista de colaboradores que podem ser consultados.

Para evitar traumas e insegurança que inviabilizassem o projeto, o acompanhamento e assessoria diária do tutor funcionaram como âncora nesse conjunto de mudanças. Por sua vez, os docentes encarregados de vídeoaulas e teleconferências tinham como missão provocar o diálogo e intercâmbio de idéias e opiniões. Porém, assim como foi necessário transformar as expectativas dos alunos, é ainda preciso fazer com que os professores responsáveis por essas atividades compreendam as novas exigências de trabalho nessa nova comunidade.

A transição da cultura impressa para a cultura digital ainda é difícil para professores acostumados ao processo expositivo. A mediação digital muitas vezes revelou-se precária para atender a necessidade crescente de participação constatada ao longo do projeto e por nós interpretada como adaptação dos alunos aos novos nichos de aprendizado.

Exigiu-se dos professores-alunos uma participação ativa em que a usual acomodação de simples receptor foi modificada e contestada pela inclusão de atividades denominadas "vivências educativas" e "trabalhos de pesquisa" monitorados por outros componentes desse complexo, integrados por orientadores e assistentes. Procurou-se dar importância equivalente à teoria e à prática, o que continua sendo difícil pelo enraizamento profundo do processo educacional tradicional baseado na autoridade, uma das características da cultura impressa. Tentou-se com sucesso criar mentalidade de busca de dados e informações, análise e aplicação das conclusões não só dos alunos como dos colegas e autoridades com os quais trabalham.

Para intensificar o contato com a universidade, o projeto incluiu uma "semana presencial" na qual os professores-alunos participaram de oficinas, debates e conheceram várias instituições da USP como museus, laboratórios, viram filmes, ouviram concertos e discutiram seu conteúdo e formas de usa-los em suas aulas. A "semana-presencial" na USP serviu para reforçar o vínculo institucional e buscar evidências do desenvolvimento desses alunos em múltiplos contextos de aprendizado, tanto nas atividades regulares como em outros espaços, tendo em vista "objetivos expressivos", decorrentes dessas experiências culturais e sociais.

As múltiplas mudanças no que se espera constitua uma nova comunidade educacional terão como base a diversidade, capacidade de adaptação dinâmica de elementos interdependentes e estão sendo objeto de análise a curto, médio e longo prazo. Espera-se que provoque, além de um efeito direto nos alunos do curso, um impacto indireto em milhares de alunos da escola pública. Essa enorme experiência, quantitativa, produziu dados e informações preciosas sobre as inevitáveis mudanças que devem ocorrer no processo de aprendizado com o apoio de mídia interativa. A possibilidade de troca de informações entre os diferentes elementos de aprendizado com outras comunidades permitirá que cada uma se aperfeiçoe com benefícios comuns para que as atuais tensões no ensino superior e na formação de professores produzam renovação da função e funcionamento da escola. Será assim possível construir currículos relevantes que dêem à educação escolar e à presença do professor o seu relevante papel, que não pode ser substituído por artefatos tecnológicos. Esses, no entanto, quando adequadamente usados, podem fornecer infra-estrutura essencial para transformações na atual cultura escolar.

MODELO DE GESTÃO DE PROGRAMA INOVADOR DE FORMAÇÃO UNIVERSITÁRIA
Uma experiência de gerenciamento de projeto público de elevada complexidade

Guilherme Ary Plonski
Coordenador-Geral da Fundação Carlos Alberto Vanzolini

Beatriz Scavazza
Coordenadora-Executiva da Fundação Carlos Alberto Vanzolini

Ângela Sprenger
Coordenadora-Executiva Adjunta da Fundação Carlos Alberto Vanzolini

Narrativas são vistas como a forma primária pela qual a experiência humana se torna significativa. O sentido narrativo é um processo cognitivo que organiza as experiências humanas em episódios temporariamente significativos.[1]

Refletindo sobre o incidente, tentando compreendê-lo atentamente, você está construindo uma narração, cuja estrutura é essencialmente narrativa.[2]

I. Programa PEC - Formação Universitária – o significado

O desenvolvimento do projeto executivo para a gestão do Programa PEC – Formação Universitária pela Fundação Vanzolini permitiu à coordenação da área de Gestão de Tecnologias aplicadas à educação experimentar aquilo que no mundo organizacional se costuma chamar de "a dinâmica da gestão de projetos de alto desempenho".

O programa foi concebido pela Secretaria de Educação de São Paulo (SEE) com a parceria de três das melhores universidades paulistas (PUC-SP, USP e Unesp), para atender à indicação da LDB (Lei de Diretrizes e Bases da Educação) no sentido de garantir a formação em nível universitário para professores das séries iniciais do ensino fundamental. As características e números do programa dão bem a idéia da sua dimensão, densidade e complexidade e refletem, também, a magnitude dos desafios e obstáculos que se interpunham à sua materialização:

[1] POLKINGHORNE, D. Narrative Knowing and the Human Sciences. In: BAUER, Martin W.; GASKELL, George. **Pesquisa qualitativa com texto, imagem e som:** um manual prático. Vozes: Petrópolis, 2000. p.115.

[2] Id., Ibid., p.116.

A demanda

O Programa foi oferecido a 9.400 professores da rede estadual, e 6.684 confirmaram a matrícula. Os professores não deveriam deixar suas regiões de trabalho e moradia, nem suas salas de aula. O curso deveria ser de alta qualidade e estar concluído até o final de 2002. Foram organizadas 186 turmas de aproximadamente 40 alunos cada uma, em 34 locais espalhados no Estado de São Paulo, nos períodos da manhã, tarde e noite.

A infra-estrutura

Para atender à demanda, foram montados 46 ambientes de aprendizagem com as seguintes características: cada um deles composto de três salas, com uma para atividades de videoconferência e capacidade para 40 pessoas, outra para trabalhos com computadores interligados em rede, também para 40 ocupantes e a terceira para dinâmicas de trabalho em grupo e com a mesma capacidade. Todos esses ambientes estavam conectados entre si e com as universidades parceiras, por meio da Intragov, a *Intranet* de alta velocidade do governo do Estado.

Ainda como parte da infra-estrutura, foi organizada uma Central de Operações, com 80 postos de trabalho que abrigou toda a equipe de gestão.

Os 13 servidores de conteúdo e aplicativos ficaram hospedados no datacenter da Prodesp (Companhia de Processamento de Dados do Estado de São Paulo).

A matriz curricular e metodológica

O conteúdo do programa foi elaborado pelas mencionadas instituições de ensino superior: USP, Unesp e PUC/SP. A matriz curricular rompeu com a estrutura de disciplinas, valorizando a integração das diversas áreas do conhecimento com material, tanto em *web* como impresso, exclusivamente desenvolvido para o Programa. O emprego de recursos tecnológicos modernos permitiu a participação dos alunos - professores sem o afastamento dos locais de residência e trabalho por meio de videoconferências, teleconferências, *Internet* e *Intranet*, utilizando-se do ambiente *Learning Space* e outros aplicativos. A matriz metodológica desenvolvida implicou articulação das várias mídias disponíveis como recurso de apoio às diversas situações de aprendizagem durante o Programa. A cada situação procedia-se à análise das possibilidades de uso de cada recurso, de forma a criar ambientes de colaboração e construção de conhecimentos coletivos.

O cronograma

O planejamento do Programa iniciou-se em janeiro de 2001 e as aulas começaram dia 25 de junho do mesmo ano, com conclusão prevista para dezembro de 2002. A formatura ocorreu no dia 18 de dezembro de 2002. As várias etapas do projeto foram desenvolvidas e articuladas em processo, demandando a necessidade de grande sinergia entre as várias equipes e parceiros.

As equipes

O programa demandou a articulação e interação de diversas equipes, abrangendo, diretamente, cerca de 550 pessoas e 13 empresas e organizações, além da interface com as equipes das universidades e da secretaria:

(**a**) a gestão do projeto foi atribuída à FDE – Fundação para o Desenvolvimento da Educação, que contratou a Fundação Vanzolini para responder pelo gerenciamento de todas as etapas e atividades; tal tarefa envolveu a montagem de toda infra-estrutura de apoio ao Programa (tanto os 46 ambientes de aprendizagem localizados em 34 pontos do Estado, os 13 ambientes de ensino nas universidades, bem como a Central de Operações, em um prédio da Secretaria em São Paulo); a contratação e configuração da rede de comunicação (por meio da Intragov), a especificação e acompanhamento de aquisição de todos os equipamentos (computadores, mobiliários, servidores, *switches* e outros), a contratação da hospedagem dos servidores (Prodesp), a contratação dos serviços de impressão, de produção e geração de teleconferências, de desenvolvimento de sistemas e aplicativos de informática; a configuração e customização das ferramentas de *e-learning* e de colaboração (ferramentas Lotus/IBM); e o controle orçamentário geral do projeto. Para o suporte local, cada ambiente de aprendizagem ou de ensino utilizou 280 operadores-estagiários; a equipe da central de operações trabalhou com cerca de 80 técnicos e especialistas das 7 às 23 horas, de segunda a sexta-feira e aos sábados.

(**b**) o desenvolvimento do Programa foi da responsabilidade das três universidades e da Secretaria da Educação. Para garantir a gestão inter-institucional, estabeleceu-se um Comitê Gestor, instância máxima de decisão de qualquer questão relativa ao Programa. A coordenação desse Comitê foi indicada pela secretaria e coube à Fundação Vanzolini. Para apoiar o trabalho das universidades, a Vanzolini pôs a disposição equipes especializadas capazes de estabelecer uma interlocução qualificada com tais instituições, para realizar uma mediação no processo de transformar aquilo que era a proposta, a demanda ou o "desejo" original das instituições em saberes, ações e materiais adequados às mídias nas quais seriam divulgados, acessíveis ao público alvo, didaticamente tratados, internamente coerentes, esteticamente coesos, enfim, ajustados para garantir uma boa recepção aos destinatários: orientação instrucional, produção editorial de materiais educacionais, capacitação no uso de mídias interativas.

Por fim, a experiência da Fundação Vanzolini na gestão de projetos complexos com base no modelo PMBoK (Guide to the Project Management Body of Knowledge) definido pelo PMI (Project Management Institute) reunia todos os elementos necessários para enfrentar o desafio que o projeto apresentava, garantindo consistência na caminhada, naturalmente incerta porquanto inovadora ...

II. A lógica deliberada – a construção do projeto estratégico de desenvolvimento

O panorama exposto no primeiro item, que descreveu o ambiente institucional, a infra-estrutura de apoio, os objetivos do programa e os processos desenvolvidos, revelava a existência de um cenário bem configurado para a aplicação de metodologia de administração de projetos, já que apresentava:

- atividades com começo, meio e fim bem determinados, que uma vez alcançados seriam assumidos como atividades funcionais da SEE;
- magnitude para o cliente e usuário: o PEC – Formação Universitária era de fundamental importância para a SEE – como representante da sociedade paulista – e para os usuários – os professores efetivos do ciclo I do Ensino Fundamental com habilitação em nível médio (magistério);
- especificidade (e complexidade) do problema, diferenciado em relação aos procedimentos rotineiros da SEE;
- prazo e orçamento determinados;
- incerteza quanto à solução final que seria efetivamente instalada e da trajetória a ser seguida;
- multiplicidade de atores (entidades e profissionais), de recursos (tecnologia, instalações), de informações e competências envolvidos; e
- condicionantes presentes, tais como, as exigências legais (LDB), até as restrições impostas pela soluções tecnológicas que poderiam ser alocadas ao projeto no prazo previsto.

Portanto, o projeto apresentava como característica uma complexidade elevada, pelo número de variáveis envolvidas (atores, recursos, informações e competências, entre outros) e uma moderada incerteza (pois os resultados finais esperados eram bem definidos, havendo apenas maior margem para desvios na condução do processo, por causa da dinâmica do cenário tecnológico, sempre em constante mutação e nos detalhes dos conteúdos a serem desenvolvidos).

Assim, num projeto dessa envergadura, os processos de análise de risco recomendavam muita cautela e comedimento no seu planejamento e instalação, caracterizando a responsabilidade - compromisso - resultados de cada componente, assim como seu alinhamento à ética e aos valores do gestor. Ou seja: não era permitido correr o risco de efetivar "idéias", "processos teoricamente prescritos", desnecessários ou parcialmente eficientes... não havia tempo ou recursos financeiros para suportar desempenhos medíocres.

Optou-se, então, pelo modelo genericamente chamado de "construção artesanal da estratégia".[3]

Como conseqüência, a gestão baseada nesse modelo de processo estratégico, orientado por ações deliberadas e estimulando e convivendo com ações emergentes, não poderia se permitir "testar hipóteses" sem uma conseqüente postura de ação gerencial "cirúrgica" de correção ou aborto imediato de proposições de lento amadurecimento e/ou graus de incerteza incompatíveis.

Por outro lado, era necessário construir um espaço organizacional que permitisse a emergência de novas idéias e sugestões. Essa contradição entre o estímulo a novos movimentos estratégicos ou operacionais e a necessidade de "cortar" alguns deles no nascedouro prenunciava o risco de gerar uma equipe desestimulada, "burocrática" e descomprometida.

A saída encontrada foi praticar uma ação gerencial cotidiana que estimulasse "idéias emergentes", mas não de forma literal: essas idéias passavam pelo crivo da consistência, argumentação e estética, adotando-se, então, como novas ações deliberadas, somente aquelas que pudessem ser "aprovadas" pelo critério de análise de efetivo valor agregado ao processo (eficiência) - portanto com evidentes características de inovação.

Como todo esse processo seria compartilhado, todos os membros da equipe poderiam encontrar na análise de como a inovação poderia criar valor ao projeto (eficácia), o significado e também a "contrapartida" para eventuais e pontuais frustrações de não-aprovação ou descontinuidade de propostas.

Outro ponto crítico para a gestão é o de que o grau de incerteza do projeto indicava que não havia modelos a serem seguidos. Em termos práticos, isso significava que era necessária uma abordagem de "ir tatcando c desenrascando"[4] sondando e avançando progressivamente de forma lenta e segura, enfim, com muita cautela.

---

[3] a) MINTZBERG, H.; RAISINGHANI, D. Thèorêt, A. The structure of "unstructured" decision processes. **Administrative Science Quarterly**, v. 21, nº 2, p. 246-75, 1976.

b) MINTZBERG, H.; MCHUGH, A. Strategy formation in na adhocracy. **Administrative Science Quarterly**, v. 30, nº 2, p. 160-97, 1985.

c) MINTZBERG, H.; WATERS, J. A. Of strategies, deliberate and emergent. **Strategic Management Journal**, v. 6, nº 3, p. 257-72, 1985.

[4] Essa expressão pode ser entendida como versão tropicalizada da clássica expressão "muddling through", introduzida pela publicação do clássico artigo Lindeblom, C.E. The science of 'muddling through'. **Public Administraion Review**, primavera, p. 79-88, 1959.

Mas, mais uma vez, a atitude axiológica empreendedora da gestão a impulsionava à descoberta, ao desbravamento, à busca do desconhecido e do novo, ao destemor, à realização de algo significativo. Essas ambivalências não refletiam insegurança, mas sim a maturidade da gestão estratégica de riscos; não imobilizava, apenas dava contornos mais lúcidos à responsabilidade.

O maior desafio era montar a equipe. Entretanto, não se poderia ter uma "equipe qualquer"; era vital se montar a "melhor equipe", para quem o novo, o inusitado não representasse um "perigo" ou uma ameaça, mas uma oportunidade.

Como o capital social da Fundação Vanzolini permitiria mobilizar os especialistas que o projeto demandava, a tarefa portanto seria "apenas" a de encontrá-los.

III. A lógica emergente – o projeto em operação (a gestão em ação)

A ação se orientou pela contínua ratificação da lógica organizacional adotada e pela atitude gerencial que privilegiava a prática de uma ética de "desempenho compulsório" de alto desempenho. Procurou-se a consistência entre a rigidez e o formalismo de um imperativo categórico em termos de eficiência e responsabilidade, de natureza quase que religioso-puritana, com a alegria lúdico-infantil da busca e descoberta do novo.

O desenho, preliminar, deliberado, da lógica organizacional obedeceu às premissas semióticas da contextualização significante/significado: promoveu-se o detalhamento das macroatividades e dos macroprocessos, em uma perspectiva estratégico-institucional (referências ligadas à eficácia), cujos extensivos desdobramentos operacionais permitiram "impor significados" aos desempenhos individuais para cada um e para todos os participantes da equipe, tendo a sustentação do modelo PMBoK.

Esse "mapa do caminho" a ser percorrido, implicando construção e reconstrução de uma *gestalt*, onde tudo é compartilhado por todos, permitiu que todos pudessem ver o mesmo significado das partes e do todo funcionando. A utilização de ferramentas de comunicação colaborativas entre as diversas equipes foi fundamental para atingir a esta compreensão e partilha do processo – foram nascendo embriões do que se tornariam, posteriormente, comunidades de prática[5], a partir das necessidades emergentes no processo.

Assim, na operação em si, quaisquer intenções emergentes tinham que obedecer ao critério do "todo funcionando" e o agregar valor significava como esse todo poderia "funcionar melhor".

O interessante, portanto, foi que a lógica do desdobramento de cima para baixo das intenções estratégicas estimulou a reprodução dessa lógica de

[5] WENGER, Etienne et al. **Cultivating communities of practice**. Boston/Massachusetts: Harvard Business School Press, 2002.

baixo para cima na introdução de ações emergentes, num processo tautológico contínuo e crescentemente qualificante.

Uma conseqüência disso no cotidiano foi que nenhum cenário emergente foi percebido como inusitado em termos de que "não deveria ocorrer". A expectativa era ao contrário: como o escopo estrutural-pedagógico do Programa foi exatamente "criar novas realidades", as ações estimulavam o surgimento de novos cenários, pois eles é que materializavam a possibilidade de se oferecer as ferramentas inovadoras para se lidar com eles.

Essa atitude pró-ativa face à complexidade dos novos cenários encontra sustentação na teoria da *autopoiesis*, dos biólogos chilenos Humberto Maturana e Francisco Varela, "que afirma ser a vida produtora de si própria (e não produzida por condicionantes externas)"[6]. Com esse processo, essa "lógica natural" foi estimulada, favorecendo a criação de novas lógicas para que se pudesse superar os obstáculos das que foram trazidas pelos novos cenários; e o impulso à ação acabou se tornando também uma decorrência natural.

Por outro lado, uma importante, e talvez inusitada inversão cognitiva ocorreu nesse processo: contrariamente ao pressuposto *nietzchiano* de que sabendo o porquê, conseguimos descobrir *o* como (*o* porquê necessita de desenvolvimento de uma visão abrangente para alcançarmos a eficácia e o como é obtido em conseqüência)[7], o grupo, a partir da realidade empírica buscou "localizar" essa realidade numa referência maior de compreensão, sugerindo inclusive revisão na perspectiva estratégica.

Interessante, também, foi o mecanismo de se praticar o que se chama de "multifuncionalidade". Esse conceito tradicional está associado àquilo que se vê tipicamente num serviço de *fast food*, numa operação têxtil ou mesmo numa ilha de produção da indústria automobilística, onde todos os membros da equipe estão equipados para realizar múltiplas tarefas da unidade.

Evidentemente que, em projetos ou unidades com exigências mais especializadas ou complexas, isso fica limitado ou, por vezes, inviabilizado.

No presente caso, o conceito foi inovador: a multifuncionalidade se deu a partir de metas multifuncionais, mantendo-se cada membro na sua esfera de atuação, mas orientado pela meta, que era múltipla e demandava uma interação sinérgica de percepções especializadas. Tal perspectiva reforçou a importância da composição interdisciplinar das equipes, seja na constituição de grupos de trabalhos, permanentes ou provisórios, ou na constituição das diferentes equipes internas de operações; a experiência nos mostrou que a eficácia das ações e a possibilidade de acumular "saberes" a

[6] BAUER, Ruben. Empresas auto-organizantes. **Eccos Revista Científica**, São Paulo, v. 2, nº 1, p.55-71, jun. 2000.

[7] BARBOSA, José Affonso Fausto. **FGVeja**, v.4, nº 59, set. 2003. (publicação interna da FGV, editorial citando Nietzche).

respeito delas nasce do exame e da consideração de maior número possível de aspectos envolvidos nas questões, por mais triviais que elas pareçam ser.

IV. Um olhar retrospectivo - as lógicas revisitadas

Entende-se melhor agora que a matriz metodológica, orientada pela eficácia, teve sua complexidade "simplificada" quando da configuração da estrutura organizacional em subprocessos (ou "pequenas" áreas) relacionados à eficiência - isoladamente apenas significantes -, mas que ganharam significado exatamente pela consistência do claro e direto desdobramento a partir da própria matriz, a referência maior. A macrorrepresentação dos pressupostos e objetivos estratégicos a partir dos modelos de tipo *Balanced ScoreCard* teve um papel decisivo nessa consistência e alinhamento estratégico–gerencial–operacional.

Os resultados e reconhecimentos alcançados evidenciam o acerto das correspondentes escolhas estratégicas, gerenciais e operacionais: um dos fatores críticos de sucesso foi a dinâmica gerencial estabelecida no Comitê Gestor, instância máxima de decisão, em que o processo de construção de consensos se orientou menos por estratégias ortodoxas de negociação e mais por se buscar supraconceitos contempladores das perspectivas individuais – em todo o desenvolvimento do programa, nunca foi preciso votar!

O orçamento, estabelecido a partir de uma "base zero", e a respectiva gestão orçamentária, asseguraram que nenhum atributo de qualidade do programa tenha sido preterido a pretexto de custo ou prazo – custo não foi uma deficiência que se usou para justificar ineficiências de desempenho!

A lição sintetizadora neste olhar retrospectivo é, na verdade, uma reprodução de múltiplos episódios vividos no dia-a-dia, mas que naqueles momentos foram percebidos apenas como uma "narrativa menor", porque os incidentes ainda estavam em formação e em interação.

Agora, sim, é possível construir a "narrativa final": os fatores-chave do sucesso do projeto foram, na verdade, a disposição da Fundação Vanzolini, das universidades parceiras, das equipes, da secretaria, das demais organizações e de todos os agentes envolvidos no projeto em não se conformarem com limitações de espaços e acreditarem que a expansão dessas fronteiras dependeria da congregação de esforços. E todos nos convencemos e praticamos isso.

A PROPOSIÇÃO DE UM SISTEMA DE APOIO OPERACIONAL PELA EQUIPE DE COORDENAÇÃO DA USP

Maria Inês P. Coltri
Membro da Equipe de Coordenação da USP

De acordo com o Projeto Básico do Programa de Formação Universitária:

> *Às universidades e/ou instituições de ensino superior competia o detalhamento pedagógico do projeto final, que envolve o conteúdo a ser desenvolvido, as estratégias e metodologias a serem empregadas a partir do ementário inicial proposto pela Secretaria da Educação, a elaboração dos materiais ou a seleção e adaptação dos já existentes, além da responsabilidade pela docência, supervisão, avaliação e certificação dos participantes.*[1]

e ao Comitê Gestor, instância máxima do Programa, competia:

> *[...] responder pela coordenação e articulação das várias etapas do processo, ou seja, pelo planejamento das diferentes ações, pela integração entre as diferentes instituições participantes do PEC, pela sintonia entre os conteúdos propostos pelas universidades e/ou instituições de ensino superior e os eixos temáticos e princípios norteadores do projeto básico do Programa definido pela Secretaria da Educação do Estado de São Paulo e pela coordenação dos profissionais indicados pelo Comitê Gestor para a elaboração dos materiais didáticos de apoio.*[2]

Assim, à Coordenação Acadêmica, competia responder pela tramitação interna no programa nas universidades e/ou instituições de ensino superior, coordenar as ações do ponto de vista acadêmico e integrar o Comitê Gestor do programa.

Nesse sentido, sob a coordenação e orientação da professora doutora Marieta Lucia Machado Nicolau, nos organizamos de forma a analisar os inúmeros curricula-vitae recebidos e as inscrições de profissionais interessados em

[1] PEC – Formação de Professores: **projeto básico**. São Paulo: USP/UNES/PUC-SP/SEE-São Paulo, 2001. p. 21. Material não publicado.

[2] Id., Ibid., p. 22.

trabalhar numa nova modalidade de curso de educação continuada, até então diferente do que usualmente se conhecia.

Ao mesmo tempo em que o Programa utilizaria com videoconferências, teleconferências e atividades *Intranet*, também usaria a figura do professor-tutor, que seria o responsável direto, em contato diário com os alunos-professores nos diferentes pólos sob a responsabilidade da Universidade de São Paulo.

Com 1800 alunos matriculados no Programa desenvolvido pela USP, foram destinados 8 ambientes de aprendizagem para a sua realização, em Centros Específicos de Formação e Aperfeiçoamento do Magistério – CEFAMs, localizados no Butantã, Carapicuíba, Itapecerica da Serra, São Bernardo do Campo, Diadema, Suzano, Guarulhos e Jundiaí, todos pertencentes a unidades da Secretaria da Educação.

Após a análise minuciosa dos curricula-vitae e de inúmeras entrevistas, começamos a formar nossa equipe e convidar os selecionados para o trabalho. A facilidade em encontrar, por exemplo, um tutor que estivesse interessado em atuar num local distante da universidade, muitas vezes, se tornou um entrave para a Coordenação. Após a seleção, o exame da adequação do perfil que nos interessava e a indicação do local onde deveria atuar, o selecionado desistia e, novamente, reiniciávamos a procura de um profissional que atendesse às nossas exigências e ao trabalho que havia sido definido pelo Programa. Corria-se contra o tempo, uma vez que, para selecionarmos todos os profissionais dispúnhamos de aproximadamente um mês do início previsto para o curso. Os alunos já selecionados aguardavam ansiosamente essa oportunidade de participar de um Curso de Formação que lhes garantiria aperfeiçoamento profissional e um diploma de nível superior na USP. Após muitas "idas e vindas", finalmente selecionamos e contratamos os profissionais necessários para início de nosso trabalho, ou seja, 49 professores-orientadores: doutores e/ou professores da USP, ou doutorandos, que denominaremos de "P.O."; 49 professores-tutores, que passaremos a denominar apenas de tutores e 12 professores-assistentes, mestres ou doutorandos na USP, que denominaremos de "P.A.".

Era muito difícil entender como esse curso seria realizado. O que era *Learning Space*? O que significava exatamente: os alunos terão videoconferência de acordo com os circuitos? Mas, o que eram circuitos? Precisávamos saber exatamente o que se pretendia e o que significavam essas novas modalidades. Mas não desistimos. Isso se tornara para nós uma meta a cumprir, mais um desafio.

Contando com a experiência e determinação extremada da Coordenação Geral do PEC-USP, procuramos sistematizar nossa atuação, estabelecendo, primeiramente, que para cada equipe formada, seria necessária uma reunião preliminar para esclarecimentos sobre o projeto. Uma relação cordial, sincera e de respeito entre todos os envolvidos – coordenação, orientadores, tutores, assistentes e, principalmente, alunos era fundamental para o bom desenvolvimento do Programa.

Em conjunto com representantes das outras duas universidades implicadas no Programa (Unesp e PUC-SP), participamos de algumas reuniões para definir a programação de uma Semana de Capacitação para os Tutores, orientar sua participação nas diversas atividades do aluno de forma presencial e delimitar suas funções. No mês de julho de 2001, os tutores selecionados pela USP participaram de uma semana de capacitação e, em agosto de 2001 iniciamos o curso.

Estabelecemos com nossos tutores, uma sistemática para facilitar inicialmente nosso trabalho e optamos por nos corresponder diariamente por *e-mails*, por considerarmos ser a forma mais ágil de garantir a uniformidade da equipe, além de termos com uma nova ferramenta posta a disposição pela Central do PEC, denominada *"quick-place"*. Nós todos sabíamos da importância dessa troca de correspondência, porque tínhamos a oportunidade de dirimir, de imediato, dúvidas a questões levantadas por professores-alunos em sala de aula e também dos tutores. As questões eram as mais variadas possíveis: Esse curso vai me auxiliar na progressão da carreira? Nós somos realmente alunos da USP? Poderei ser dispensada do horário de trabalho do professor – "HTPC" - para cursar o PEC? Podemos utilizar o Cepeusp, o Hospital Universitário? Teremos carteira de estudante para obtermos meia entrada no cinema? Quando sairão as carteiras de passes? O PEC adquiriu livros para a formação da biblioteca nos Cefams? Meu nome não consta da lista, mas eu estou inscrita, como devo proceder? Como faço para mudar de turma (quero ficar com minha colega ou preciso mudar de Cefam)? Nosso diploma será de Pedagogia? Qual o título que vamos receber? Muitas dessas dúvidas, também eram nossas.

Outros problemas não menos importantes foram acontecendo, como por exemplo: dispensa de HTPC para que os alunos pudessem estar presentes no horário do curso; relacionamento com os diretores dos Cefams. Enquanto alguns eram solidários com tutores e alunos, outros não cooperavam, não liberavam a sala de leitura, a distribuição de livros para a formação de bibliotecas não era facilitada, e quase sempre a sala de leitura estava fechada, faltavam espaços para as atividades de suporte, as lousas eram precárias, os tutores não podiam usar a máquina copiadora e a impressora da escola, o material impresso, muitas vezes, chegava com atraso aos Cefams causando prejuízos às atividades que deveriam ser desenvolvidas num determinado dia pelos alunos.

A equipe de Coordenação sabia da importância de um bom relacionamento com as direções dos Cefams ligados à USP e optou por manter um contato mais estreito com elas, definindo a necessidade de visitas mensais, previamente agendadas, momento em que, teria a oportunidade de um contato mais estreito com os alunos. Podemos afirmar que as visitas da Coordenação aos diversos locais foram muito produtivas e o relacionamento em quase todos se tornou mais amigável, cooperativo, exceção feita a apenas um. Com o transcorrer do tempo, nossos tutores passaram a sentir maior segurança no desenvolvimento das atividades propostas e a entender melhor as diversas modalidades do Programa.

Além disso, no início do programa nos empenhamos sistematicamente em solucionar problemas técnicos com a Telefônica por causa das transmissões das videoconferências, pois havia muita interrupção da conexão com os pólos. Além disso o manuseio dos equipamentos era complicado, por não fazer parte da prática rotineira, o som e a imagem ficavam comprometidos, acarretando prejuízos na interação do videoconferencista com os alunos. Sempre que os problemas técnicos ocorriam, a Coordenação procurava enviar aos pólos a gravação da videoconferência e, sempre que possível, tentava alterar a ordem das atividades de TM (suporte)[3], *on-line* (TM-ON)[4] ou *off-line* (TM-OFF)[5], previstas no cronograma, visando a reapresentação, pelo conferencista, do conteúdo abordado.

Uma outra postura assumida pela equipe, considerada como fundamental foi a necessidade de, pelo menos uma vez a cada dois meses, reunirmos na Faculdade de Educação os tutores, garantindo, assim, pleno desenvolvimento do trabalho com os alunos. Ao final de cada uma dessas reuniões eram feitas avaliações, considerando-se sempre os pontos positivos e negativos do encontro. Em diversos depoimentos de tutores percebemos a satisfação que demonstravam em trabalhar com nossa equipe destacando a determinação e o comprometimento com o Programa, sanando dúvidas e suprindo necessidades inerentes ao desenvolvimento do cronograma.

O trabalho desenvolvido pelo professor-orientador "P.O." foi considerado extremamente importante pela Coordenação, uma vez que partiria dele a responsabilidade de acompanhar o desenvolvimento de seus alunos, dar suporte na elaboração dos Estudos Independentes, orientar a elaboração do Projeto de Pesquisa que culminaria com o Trabalho de Conclusão de Curso (TCC), orientar a elaboração das memórias, além de corrigir os trabalhos, provas e os relatórios elaborados pelos professores alunos das Vivências Educadoras.

Era fundamental a realização de reunião preliminar para situar o P.O. no Programa, esclarecendo suas funções, o que se pretendia e como se esperava fossem feitas as avaliações dos alunos. Foi solicitado aos orientadores que,

[3] MATRIZ Metodológica. PEC - Formação Universitária – Suporte (TM-SU) - atividades previamente designadas que deverão ser realizadas pelo aluno professor. Tais atividades podem utilizar buscas na *Internet* e pesquisa em livros da minibiblioteca. Podem ser desenvolvidas em grupo ou individualmente, no local do curso (uma sala que tem 5 computadores conectados à *Intranet* ou à *Internet*, uma minibiblioteca e mesas para apoio de material) ou em outro local. Nesses momentos, o professor orientador pode entrar em contato com seu grupo de alunos ou parte deles.

[4] MATRIZ Metodológica. PEC - Formação Universitária - *On-line* (TM-ON) atividades propostas via *Web* e que terão com a interação síncrona ou assíncrona com um professor assistente da Universidade. São desenvolvidas em salas-laboratórios de informática dotadas de 15 computadores conectados em rede via-*Intranet*.

[5] MATRIZ Metodológica. PEC - Formação Universitária – *off-line* (TM-OFF) - atividades que serão desenvolvidas sob a coordenação do professor-tutor.

pelo menos uma vez a cada quinze dias, comparecessem aos Cefams, em visita agendada previamente com os tutores e diretores. Dessas visitas resultaram inúmeros depoimentos.

Da leitura que os orientadores fizeram do primeiro relatório acadêmico apresentado pelos alunos, foram apontadas dificuldades relacionadas, basicamente, à produção de textos. Segundo relato de parte dos P.Os. as idéias eram confusas e desconexas, a compreensão, naquele momento, de textos mais acadêmicos, assim como a exposição oral das idéias, tornavam-se cruciantes aos alunos. Os trabalhos em equipe nem sempre fluíam porque alguns tinham dificuldades em discutir e elaborar as atividades propostas, ou porque não queriam se expor, ou por serem individualistas, ou mesmo por falta de vocabulário próprio. A maioria de nossos orientadores optou por comparecer mais amiúde aos Cefams, para indicar bibliografia complementar aos estudos, exigir mais leituras e auxiliar o aluno no entendimento de textos acadêmicos. Esse tipo de envolvimento do professor/orientador deixou claro a forma de trabalho que a Coordenação estava imprimindo ao Programa. Os orientadores tinham a liberdade de apresentar aos alunos as notas obtidas em cada uma das atividades exigidas, comentá-las e, conforme o caso, indicar leituras complementares. As avaliações apresentadas demonstravam claramente o progresso dos alunos, maior envolvimento com os trabalhos acadêmicos exigidos, segurança e determinação, iniciativa, evolução na escrita (produção de textos e desenvolvimento do TCC) e principalmente a necessidade surgida de muita leitura. Cabe destacar, ainda, o difícil acesso dos alunos à bibliografia complementar que procuramos sanar, inscrevendo-os na biblioteca da Faculdade de Educação.

Como norma estabelecida pela Coordenação do PEC-USP, nos reuníamos com os professores orientadores uma vez por mês. Sempre ao final de nossas reuniões os orientadores transmitiam à Coordenação suas opiniões a respeito do nosso encontro e a grande maioria afirmava que esses momentos eram sempre muito proveitosos, instigantes, produtivos e desafiadores, porque a cada reunião novas tarefas surgiam.

O trabalho conjunto tutor/orientador foi profícuo. Inúmeras foram as manifestações que recebemos dos profissionais informando que as alunas/professoras agradeciam e elogiavam os tópicos abordados nos módulos e ou temas do Programa, bem como eram produtivos e agradáveis, os assuntos tratados nas teleconferências e videoconferências, tornando o curso dinâmico e interessante. Reafirmavam que os autores discutidos nos tópicos e os temas das questões dissertativas garantiram a muitas delas a aprovação em concurso para professor da rede municipal de ensino da cidade de São

Paulo, além de proporcionar estímulo para que o desenvolvimento da pesquisa para o trabalho de conclusão de curso se desse de maneira proveitosa. Em muitas outras oportunidades as alunas também nos informavam que o desenvolvimento do trabalho em sala de aula estava ocorrendo de maneira diferente, refletindo sua prática e causando um efeito positivo a coordenadores, colegas professores e também à direção da escola.

Em relação aos professores-assistentes "P.A", a equipe foi composta por 12 professores Mestres ou Doutorandos pela USP, licenciados em Pedagogia, Geografia, Letras, Artes, História, Física e Ciências. Cada professor-assistente trabalhou com aproximadamente 160 alunos, por opção nossa, como forma de mantêlos sempre com o mesmo circuito e com os mesmos alunos.

O professor/assistente teria por atribuição "fazer a interface *on-line* com os professores-alunos relativa às atividades postas a disposição via *intranet* – no ambiente de aprendizagem *Learning Space* - que estariam articuladas com as videoconferências e não teriam interface presencial".[6]

O Manual de Orientações Técnicas para a Elaboração do Material de Apoio, elaborado pelo PEC assim definiu o *Learning Space*:

> *[...] é um ambiente de aprendizagem que permite a utilização de todos os recursos de um ambiente web para a apresentação dos mais diversos tipos de informações: textos, ilustrações, fotos, links a outros sites, etc. A partir de tais informações, os professores-alunos poderão realizar suas tarefas e, para isso, o Learning Space dispõe de dois tipos de recursos: uma área de atividades e um espaço para discussão. A área de atividades é o espaço no qual o aluno responde a questões abertas produzindo textos que são enviados ao professor-assistente e estabelecendo com ele uma interação. Esse professor poderá emitir parecer imediato ou dar um retorno posterior sobre o material recebido. Já o espaço para discussão permite que os alunos-professores opinem a respeito de um determinado tópico ou apresentem outros tópicos para serem discutidos com os colegas e professores.*[7]

Era imprescindível que ocorresse a interação. Nas primeiras sessões nas quais nosso assistente começou a atuar, as respostas não chegavam, muitas vezes por problemas técnicos que ocorriam no sistema adotado pelo PEC. Os alunos demoravam no

[6] MATRIZ Metodológica. PEC - Formação Universitária. p., 13. Material não publicado.

[7] ORIENTAÇÕES Técnicas para elaboração do material de apoio. p. 9-11. Material não publicado.

encaminhamento de respostas por insegurança, ou pelo desconhecimento da ferramenta. Se um aluno não correspondia satisfatoriamente, após muitas devolutivas, os professores-assistentes procuravam a coordenação da USP que, imediatamente, tentava contato com especialista da área e com o orientador da turma, visando a auxiliar o aluno. Os assistentes apontavam como pontos negativos alguns aspectos relacionados às questões e à ferramenta do ensino. Diziam que muitas delas eram abertas demais e dificultavam a existência de um parâmetro para os comentários, assim como questões extremamente fechadas na teoria também ocorreram. Diziam também que muitos alunos respondiam às questões individualmente sem a riqueza do trabalho coletivo. Quanto às ferramentas, afirmavam que a utilização do recurso *Chat* poderia estar trazendo, além de uma proximidade entre os professores-assistentes e os alunos, uma interação entre os conteúdos trabalhados.

Essas e muitas outras questões foram encaminhadas e discutidas com a equipe de gestão do PEC visando à melhoria dessa atividade. Com o passar do tempo, tanto alunos quanto professores-assistentes, já familiarizados com o sistema, perceberam a ligação entre o conteúdo e as atividades propostas, transformando-a numa contribuição efetiva para o melhor aproveitamento dos conteúdos apresentados nos módulos, possibilitando o exercício de reflexão sobre cada resposta.

Os assistentes, em nossas reuniões, afirmavam que mesmo as atividades de *Learning Space* não sendo presenciais, as visitas aos Cefams eram necessárias e importantes e, alguns, chegaram a visitar seus alunos nos ambientes de aprendizagem.

Ao longo do Programa, os alunos desenvolveram as Oficinas Culturais cujo objetivo era ampliar a escrita por meio da reflexão dos diferentes usos da leitura e produção de textos, além de "[...] ampliar o universo cultural dos alunos-professores, sobretudo no que diz respeito a diferentes manifestações artísticas, tais como literatura, cinema, teatro, fotografia, artes plástica e música"[8]

No último semestre, os alunos iniciaram o desenvolvimento das Vivências Educadoras que, segundo as diretrizes do Programa, constituiam:

> *[...] o espaço de formação dos professores enquanto investigadores e produtores de conhecimento sobre o currículo e sua prática pedagógica. Com elas, articuladas às demais modalidades pedagógicas, espera-se que os professores desenvolvam métodos, estratégias e técnicas próprias de investigação que permitam a reflexão e a intervenção, planejadas e avaliadas, no seu contexto de trabalho.*[9]

[8] MATRIZ Metodológica. PEC - Formação Universitária., p. 8. Material não publicado.

[9] MANUAL do aluno. PEC - Formação Universitária. p.10. Material não publicado.

Não foi um período tranqüilo para a Coordenação e para os alunos. Exigiu esforços extras na orientação aos professores-alunos para o desenvolvimento das atividades previstas em cada uma das vivências, nas instruções e orientações aos tutores e professores/orientadores, que as supervisionariam, sem contar que nessa etapa do programa, os alunos estavam ultimando seus Trabalhos de Conclusão de Curso e as Memórias, parte das exigências regimentais para a conclusão do curso.

A partir do mês de abril de 2002, a Secretaria da Educação em atendimento à solicitação dos professores-alunos e do compromisso assumido pela então secretaria da Educação, deliberou, por meio da Resolução 57 que:

> *[...] os docentes que participam do Programa Especial de Formação de Professores – PEC - Formação de Professores, a partir do final do recesso de julho, previsto no calendário de cada escola e até o dia20 de dezembro de 2002, atuarão em conjunto com a equipe pedagógica das escolas e diretorias de ensino*[10].

Em outras palavras, os professores-alunos poderiam se afastar das atividades de sala de aula para ultimarem seu projetos de pesquisa, mediante:

> *[...] o planejamento, elaboração e execução sob a orientação dos docentes das universidades, bem como em conjunto com diretores, coordenadores pedagógicos e/ou Dirigentes Regionais, dos projetos de trabalho para atuação junto à equipe pedagógica da escola*[11].

Cabe aqui lembrar que esse afastamento se daria em virtude da necessidade do cumprimento da carga horária estipulada para o curso.

Não foi um período fácil. Inúmeras dúvidas de professores-alunos e nossas também. Recebíamos diariamente *e-mails* de tutores e de professores-alunos indagando a respeito da forma como se daria o afastamento. Esse período exigiu da Coordenação uma atuação mais amiúde para poder orientar adequadamente os alunos. Muitos deles não queriam ou não podiam se afastar, ou por estarem trabalhando em período integral, ou já afastados, por outros motivos. Perguntas, as mais variadas possíveis, do tipo: O afastamento interferirá na contagem de tempo? Na licença-prêmio? O professores-alunos que estão

---

[10] São Paulo (Estado). Resolução – SE nº 57, de 29 de março de 2002. Dispõe sobre atividades docentes dos professores de Educação Básica I que participam do Programa Especial de Formação de Professores. **Diário Oficial**, São Paulo, 3 de abril de 2002.

[11] Id., Ibid.

em licença-maternidade podem se afastar pela resolução? Muitos professores-alunos acumulam cargos, como fica a situação? O desenvolvimento da Vivência Educadora poderá ser realizada na mesma escola que o professor leciona, mesmo estando afastado de seu cargo? Poderemos retornar ao cargo após o encerramento desse afastamento? Os direitos às faltas abonadas ou de Iamspe permanecem para quem se afastou.

Problemas com dirigentes ocorriam freqüentemente. Nossos tutores nos informavam que muitos chegavam a propor que as alunas não se afastassem, criando certo alvoroço em sala de aula. As alunas em muitos momentos entravam em pânico porque sofriam pressões de seus dirigentes para que desistissem do afastamento. A Coordenação do Programa a partir das informações recebidas entrava em contato com os tutores e alunos por meio de comunicados oficiais e, até mesmo, por videocnferência, de forma a diminuir a ansiedade e sanar as dúvidas.

Procuramos contato com a equipe de gestão do PEC para manifestar nossas preocupações em relação ao afastamento proposto pela Resolução. Algumas reuniões foram realizadas com representantes das Diretorias de Ensino, Coordenações das três universidades implicadas no Programa, Coordenadores da Equipe de Gestão e representantes da CENP, com o objetivo de discutir com as Diretorias de Ensino o plano de trabalho para a realização das atividades no segundo semestre para aqueles professores-alunos que optaram pelo afastamento.

Além dessas e de outras questões, a concessão do afastamento dependia da concordância de municípios aos quais os alunos estavam vinculados e nos deparamos, ainda, com a intransigência de alguns deles para autorizar alunos a estagiarem em escolas sob sua jurisdição. A esse respeito a Coordenação da USP solicitou gestões da Pró-Reitoria de Graduação da USP com as secretarias de Educação dos Municípios, visando a facilitar o acesso desses alunos-professores às escolas da região.

Ao longo do último semestre a situação dos professores-alunos, afastados ou não, se estabilizou, o que colaborou para que as Vivências Educadoras se realizassem de maneira satisfatória.

A última Vivência Educadora – a de nº 10 - desenvolvida pelos alunos presumia a socialização da pesquisa. A Coordenação da USP elaborou um projeto específico para compartilhar os resultados obtidos nos Trabalhos de Conclusão de

Curso (TCCs) com futuros professores e alunos dos Cefams. Os objetivos propostos no projeto elaborado pela Coordenação do PEC-USP eram os de:

> *[...] contribuir para o aprimoramento da formação dos futuros professores (alunos dos Cefams), dos colegas professores, da equipe técnica dos seus funcionários, mediante a reunião para apresentação de Posters temáticos por período de funcionamento do Programa (manhã, tarde e noite); possibilitar aos nossos professores-alunos a vivência de situações que os levem a uma síntese escrita de seus trabalhos, bem como comunicações orais aos alunos dos próprios Cefams e do próprio PEC; contribuir para desenvolver o espírito crítico nos alunos expositores e nos visitantes; possibilitar um trabalho integrado entre todos os envolvidos – SEE, PEC, USP, incluindo orientadores, tutores, assistentes e alunos; criar condições para que os participantes deste dia de atividades desenvolvam o interesse pela pesquisa e oferecer a todos os envolvidos, oportunidades de enriquecimento cultural"*[12].

Inicialmente solicitamos a todos os alunos que apresentassem o resumo de seus Trabalhos de Conclusão de Curso, com vista a elaborar um Caderno de Resumo de todas as pesquisas desenvolvidas pelos professores-alunos, por Cefam e turma, visando a distribuí-lo no dia previsto para o Seminário.

Para que pudéssemos garantir que essa atividade fosse desenvolvida satisfatoriamente, designamos para cada um dos pólos uma comissão formada por orientadores e tutores incumbidos de reunir os resumos apresentados pelos alunos sobre o Trabalho de Conclusão de Curso, organizar a apresentação deles nos três períodos do curso e providenciar a exposição dos "posters" temáticos. O Seminário foi um sucesso graças ao apoio recebido das direções dos Cefams, dos tutores, orientadores e dos alunos que souberam aproveitar a oportunidade. Após o encerramento dessa atividade recebemos inúmeros *e-mails* de orientadores parabenizando a Coordenação pela condução do processo e agradecendo a oportunidade que tiveram de fazer parte dele. Os orientadores manifestavam a satisfação de estar participando do Seminário não só como observadores mas, em muitos casos, também como coordenadores de uma das salas de aula do pólo.

[12] Projeto para o desenvolvimento da Vivência Educadora 10, elaborado pela Coordenação do PEC-USP. Material não publicado.

Afirmavam que inicialmente as alunas-professoras estavam muito nervosas mas conseguiram se expressar com desenvoltura e entusiasmo durante a apresentação, demonstrando o quão prazeroso foi pesquisar um problema que fazia parte de sua prática docente, orgulhosas por terem conseguido atingir seus objetivos. A presença dos alunos dos Cefams a essa atividade também foi muito importante porque garantiu a eles a oportunidade de abordarem questões presentes em seus estágios na escola.

A seguir outros aspectos que, pela urgência, demandaram um esforço concentrado da equipe de coordenação para uma pronta resposta:

O manual do aluno do PEC

Foi-nos solicitado pelo Comitê Gestor que elaborássemos uma Minuta do Manual do Aluno do PEC, definindo normas comuns a todos os alunos, fornecendo informações sobre o ingresso no Programa, a carga horária prevista, a estrutura curricular básica, a avaliação do rendimento escolar, a freqüência exigida, o sistema de recuperação, as transferências, bem como informasse quais os direitos e deveres. Auxiliamos ainda na elaboração do Regimento do PEC.

A Pró-Reitoria de Graduação da USP definiu que os alunos-professores que cursavam o Programa de Formação Universitária/USP seriam considerados para todos os efeitos, alunos da Universidade de São Paulo. Para que esses alunos pudessem ter um número USP nesse Programa Especial foi necessário cadastrá-los no sistema vigente na Universidade. Não foi fácil, pois além de não dispormos de pessoal necessário para auxiliar esse cadastramento, havia a necessidade da conferência minuciosa de toda a documentação apresentada pelo aluno quando de seu ingresso no Programa. Nem sempre todos os documentos estavam em ordem e recorríamos à equipe de gestão do PEC, responsável que era por manter atualizada a lista de alunos. Tivemos a ajuda inestimável dos funcionários Osmar Antonio Pereira, Eduardo Guimarães Barroso e Joel Lisboa. Em alguns fins de semana precisamos solicitar à Direção, autorização para que eles pudessem trabalhar na Feusp.

Após o término desse cadastramento no Sistema USP, teríamos que elaborar um Histórico Escolar para esses alunos, diferente dos históricos já existentes na USP, porque era um Programa Especial que terminaria em 2002. Para a elaboração desse histórico escolar especial para os alunos do PEC-USP, tivemos a colaboração dos funcionários da Pró-Reitoria de Graduação, do Registro de Diplomas e do Departamento de Informática da USP.

O Diploma

O Comitê Gestor constituiu Comissão, da qual a Coordenação do PEC-USP também se fez representar, incumbida de analisar as disciplinas constantes da grade curricular das Universidades incluidas no Programa (USP, Unesp e PUC), para analisar os currículos dos cursos de Pedagogia e apresentar as equivalências existentes entre os temas abordados nos módulos constantes do Programa Básico do PEC, visando a garantir aos alunos, no final do Programa, a continuidade de seus estudos.

A definição do título a ser conferido aos alunos motivou algumas reuniões da Coordenação da USP com as outras universidades implicadas, além de encontros com a Pró-Reitoria de Graduação e a Consultoria Jurídica da USP. Ficamos surpresas e ao mesmo tempo perplexas ao tomarmos conhecimento que uma das universidades emitiria o diploma de Pedagogia. Esse não era e nem nunca foi o entendimento da Coordenação da USP.

Após muitas ponderações com a Pró-Reitoria de Graduação, levando em consideração a posição acordada desde o início do Programa, ou seja, respeitar o estabelecido pelas Deliberações 12 e 13 do Conselho Estadual de Educação, conferimos aos alunos o título de "Licenciatura Plena para o Magistério nos Anos Iniciais do Ensino Fundamental". Para que esse diploma fosse registrado pela Universidade de São Paulo, a Coordenação apresentou a documentação e solicitou ao Conselho Estadual de Educação o reconhecimento do curso, que o aprovou pela Portaria CEE-GP nº 40, publicado no *Diário Oficial* do Estado de São Paulo, em 24 de janeiro de 2003, *Sessão I*.

Atualmente a Coordenação já providenciou a expedição dos Históricos Escolares, Diplomas e Certificados de Conclusão para os professores-alunos aprovados no Programa.

As Semanas Presenciais

A Coordenação do PEC-USP considerava de suma importância a presença dos alunos na universidade e proporcionou nos períodos de janeiro e julho de 2002, semanas de atividades presenciais no câmpus. Era da maior importância que os alunos conhecessem tanto quanto possível, o câmpus da USP e usufruíssem do rico acervo cultural existente.

Ao proporcionar as atividades das Semanas Presenciais, os objetivos da Coordenação do PEC-USP eram os de contribuir para a formação de nossos alunos, visando a um trabalho qualificado com o aluno de 1ª a 4ª série; propiciar vivências aos professores (cursos e oficinas) que favorecessem o estabelecimento da relação entre a teoria e a prática docente; conhecer as necessidades apresentadas pelos professores em relação aos conteúdos com os quais trabalhavam, buscando melhor efetivação das atividades; debater nas oficinas temas atuais da educação nas suas áreas de atuação; oferecer aos professores oportunidades de enriquecimento cultural; criar condições para uma integração crescente entre alunos, professores, tutores, orientadores e assistentes.

Foi um trabalho intenso, pois contávamos com 49 turmas de 40 alunos em média. Tínhamos consciência de que receber todos esses alunos ao mesmo tempo seria impossível. Iniciamos, então, por elaborar um cronograma das atividades que se pretendia fossem assistidas pelos alunos, de forma a garantir que cada um participasse de pelo menos três oficinas, de um rol de 27 que estávamos oferecendo, além de distribuí-los em locais, os quais deveriam visitar no câmpus da USP e fora dele.

Os alunos, além de participarem de oficinas pedagógicas direcionadas às suas atividades em sala de aula, teriam a oportunidade de conhecer vários órgãos da USP: o MAC (Museu de Arte Contemporânea), assistir a um espetáculo patrocinado pelo TUSP, IAG (Instituto Astronômico e Geofísico), Estação Ciência, Centro Cultural Maria Antônia, Instituto Butantã e Museu de Anatomia e Veterinária. Em todos esses locais eram recepcionados e orientados por monitores designados pelos próprios órgãos. Numa demonstração de solidariedade acadêmica, o MAE (Museu de Arqueologia e Etnologia), que não pôde receber naquele momento os professores-alunos, realizou palestras para todos os grupos, no anfiteatro Camargo Guarnieri. Essas visitas foram possíveis graças ao apoio recebido das Pró-Reitorias de Graduação e de Cultura e Extensão Universitárias da USP.

Das 27 oficinas apresentadas, os alunos assistiram a três, definidas previamente pela Coordenação. Cada uma focalizou fundamentos teóricos e a prática pedagógica. Os educadores-oficineiros debateram com os alunos as contribuições que as diferentes áreas do conhecimento abordavam e como poderiam auxiliar na sua prática docente. Nossos alunos também assistiram a palestras e mesas redondas sobre "O papel da literatura na formação de leitores" e "Inclusão de alunos com necessidades educacionais especiais em classe comum do ensino fundamental".

Considerações finais

Na medida em que o Programa foi avançando iniciamos os trabalhos atentos aos conteúdos específicos, direcionando os alunos para a percepção sobre as concepções dos diferentes temas, ao mesmo tempo provocando-os a repensar as atitudes, visando o melhor aproveitamento dos conteúdos constantes em cada módulo.

Assim, nossas reuniões com tutores e orientadores tornaram-se imprescindíveis. Dependíamos das notas para fechamento das médias em cada um dos temas e módulos, alunos em recuperação necessitavam da orientação da coordenação e dos professores orientadores para sua continuidade no Programa, as pesquisas em andamento necessitavam da presença mais constante do orientador no pólo, as questões de *Learning Space* eram propostas por especialistas das áreas, indicados pela Coordenação.

Ao final do curso solicitou-se aos profissionais implicados no programa uma avaliação sobre o trabalho desenvolvido. Os depoimentos a seguir foram espontâneos e não identificados, a pedido da própria Coordenação:

Tutor: "Foram muitas as mudanças positivas que percebi dos alunos professores, tanto no campo profissional como pessoal. A melhora na capacidade de argumentação foi visível, assim como a mudança na prática pedagógica, evidenciada pelos depoimentos em sala de aula. Com a auto-estima elevada e dotados de maior criticidade puderam perceber não só os problemas pessoais como os que envolvem a Escola Pública e a profissão de educador de forma mais crítica e realista. Todas essas mudanças foram proporcionadas, principalmente, pelas discussões provocadas pelas atividades realizadas, que sempre os conduziam a uma reflexão sobre a prática pedagógica e o papel do educador e a qualidade do material pedagógico que lhes foi oferecido".

Assistente: "O PEC – Universitário foi para mim, uma experiência totalmente inédita. Foi a primeira vez que realizei, como professora, um trabalho dessa natureza. No início achei uma ousadia, mas tinha em si um desafio muito grande. O número de alunos abrangidos, o prazo previsto para a realização do curso e o uso, pela primeira vez, de uma tecnologia, foram fatores que assustaram muito no início. Mas foram exatamente esses fatores desafiadores que nos estimularam a iniciar o trabalho. Acredito que ao fazer esse relato, estou justificando a minha avaliação do PEC: para mim foi uma proposta totalmente inédita, ousada, corajosa, desafiadora que aconteceu na educação pública paulista. É claro que apresentou durante seu desenvolvimento uma série de problemas. Mas, o seu grande mérito está exatamente nas possibilidades que abriu para que se possa aprimorar o uso da tecnologia no processo de ensino-aprendizagem. Só assim, será possível atingirmos número maior de professores da rede pública".

Orientador: "São várias as mudanças positivas em relação às professoras da turma. A primeira, foi uma melhora de 100% na escrita. Ao final do Programa as professoras escreviam parágrafos inteiros com sentido e sem erros gramaticais. Acredito que as leituras e os exercícios como as Vivências, as provas e as Memórias tenham colaborado nesse sentido. Outra mudança positiva foi o desenvolvimento profissional de cada uma em suas escolas. As diretoras e coordenadoras-pedagógicas elogiaram as ações e iniciativas que várias professoras tiveram em relação aos projetos desenvolvidos após a participação no Programa. Acredito que a causa disso foi a formação integral dessas professoras, tanto no aspecto de apropriação de conhecimentos quanto no de desenvolvimento de estratégias diferenciadas e significativas estimuladas pelo material do programa. O mais importante, no meu ponto de vista, foram as mudanças na forma de pensamento e raciocínio. Por exemplo, as professoras passaram a julgar as ações educacionais de suas escolas, avaliando sua funcionalidade quanto ao processo de formação dos cidadãos. Outro exemplo, as professoras passaram a entender a importância do raciocínio científico e do sentido da pesquisa dentro da formação escolar dos alunos passando a usar critérios lógicos na argumentação verbal e na escrita. Percebi também que as professoras perderam algumas características de "mãezonas" dos alunos para se tornarem o que deveriam ter sido sempre: PROFESSORAS".

II - Recursos Tecnológicos no PEC

AS TELECONFERÊNCIAS NO PEC – FORMAÇÃO UNIVERSITÁRIA

Eliane Yambanis
Membro da Equipe de Apoio às Universidades

No relato, a seguir, procuro dar destaque às principais preocupações com a quais a Equipe de Apoio e as próprias universidades se defrontaram no desenvolvimento das teleconferências. Essas preocupações dizem respeito não só a esse recurso de mídia em si, mas também à estrutura e uso da teleconferência no ambiente de aprendizagem do PEC. Assim, é em torno dessas preocupações que o relato se estrutura.

É possível um programa de educação a distância beneficiar-se da mídia televisiva, sem que se percam as características pedagógicas em foco?

Esse foi um dos principais desafios que a elaboração das teleconferências trouxe para a Equipe de Apoio e para as universidades responsáveis pela instituição do PEC. Prioridades, materiais, estratégias: tudo isso era objeto de intensa e cuidadosa discussão no Grupo de Trabalho que veio a ser instituído para tratar especificamente da elaboração das teleconferências. Em parceria, fomos buscando os caminhos até então inéditos para todos.

Contávamos, com o conhecimento do "modelo clássico" de teleconferência: um especialista de referência em uma determinada área do conhecimento, discorrendo sobre a sua especialidade. Também tínhamos informações a respeito de programas educacionais de TV, mas nada que nos parecesse plenamente adequado aos nossos objetivos.

Dispúnhamos de recursos próprios da mídia televisiva para a construção de nossa "aula" nada convencional: a estrutura de estúdio e transmissão ao vivo pela TV Cultura, técnicos especializados, equipe para gravação de matérias e ilhas de edição.

O desafio estava posto, então: como preparar aulas que se beneficiassem dos recursos de televisão, mas que não se descaracterizassem enquanto recurso pedagógico?

Tínhamos como preocupação primordial promover o debate entre especialistas dos temas que os alunos estavam estudando em sala de aula, problematizando-os, confrontando as posições, promovendo a interlocução entre os debatedores convidados e os alunos-professores do curso. O que garantia a riqueza do debate enquanto fórum de formação de docentes era a sincronia em relação às diversas atividades que integravam o curso. O fato de a teleconferência ser transmitida ao vivo, possibilitando que os alunos-professores enviassem suas questões por fax e *e-mail*, alimentava a discussão que transcorria no estúdio.

Se para nós, juntamente com as universidades, pensar a estrutura de cada teleconferência era um desafio, para os debatedores o desafio não era menor. Todos acadêmicos, com anos de prática, passaram a enfrentar a situação de fazer do estúdio de TV a sua sala de aula, onde não se olha para o rosto do aluno e sim para a frieza da câmera. Quantas vezes nós, professores, decidimos pela mudança de uma aula em curso, a fim de obter o aproveitamento desejado? Pois essa possibilidade deixava de existir nessa experiência. Também não havia a possibilidade de retomar o assunto em outro momento, como ocorre numa aula nos moldes convencionais. O controle do tempo também se mostrou uma questão a ser enfrentada. Portanto, era necessário objetividade, foco no debate e adoção de uma linguagem que não só integrasse o universo acadêmico, mas também funcionasse nos recursos da mídia utilizada. Não havia ali a possibilidade da refacção. Tudo transcorria no calor do momento, em função da dinâmica que os presentes estabeleciam.

A proposta inicial previa que as primeiras teleconferências durassem duas horas, tempo, a princípio, longo para televisão. No entanto, o envolvimento dos alunos-professores, seja pelos retornos obtidos em suas avaliações sobre essa mídia, ou pela quantidade de questões que nos enviavam, nos levou a repensar sua duração. Além disso, também sentíamos a necessidade de aprofundamento das temáticas abordadas. Passamos duas horas e meia em teleconferência. Depois três. Três horas de debate acadêmico ao vivo em rede para quase 7 mil professores da rede estadual! A partir desse momento, começamos ter maior clareza do significado da teleconferência enquanto mídia educativa.

Sem a pressa que caracteriza a linguagem predominante da TV atual, íamos construindo um espaço de discussão, no qual os principais problemas relativos às temáticas estudadas eram trazidos à baila. Passamos a ter o tempo necessário para teorizar, exemplificar, retratar a realidade escolar. A transposição da teoria à prática passou a ser o mote principal de estruturação das teleconferências, de forma que os alunos-professores pudessem aprofundar seus referenciais teóricos e, ao mesmo tempo, trazer à discussão sua experiência de sala de aula e questões relativas à prática do ofício de ser professor.

Como incentivar os alunos-professores a participar efetivamente e dinamicamente do debate?

Desde o início, tivemos a participação do profissional de TV, Cunha Junior, como condutor da teleconferência. Este, embora atuasse a partir de um texto previamente escrito e aprovado pelos implicados no processo de produção, foi ganhando espaço que extrapolou o de mero apresentador[1].

Carismático, provocou rapidamente a empatia dos alunos-professores que se sentiam representados pelas perguntas que ele, espontaneamente, fazia no decorrer do debate. Cunha foi se tornando peça-chave na dinâmica da teleconferência, um incentivo à parte para os alunos-professores que, em depoimentos, atestaram sua importância:

> *Ele acaba incentivando, por que faz as perguntas que a gente gostaria de fazer. Ele acaba envolvendo as pessoas que estão participando e, aí, a gente quer participar também, por que ele usa as palavras adequadas, é como se ele fosse aluno como a gente.*[2]

Enquanto proposta de debate acadêmico, a teleconferência caracterizou-se como um espaço pelo qual passaram profissionais de formações, linhas teóricas e tendências políticas as mais diversas. Essa possibilidade de explicitação da diversidade complexa que constitui o mundo acadêmico foi uma das ricas contribuições do processo. Além disso, os alunos-professores puderam ter contato, muitas vezes, com os autores dos textos que estavam lendo e discutindo em sala de aula, fato que também se caracterizou como estímulo adicional.

Mantínhamos sempre alguém da equipe na recepção das perguntas, de forma a garantir que, aquelas que fossem ao ar, de fato contemplassem o debate do dia. Também buscávamos colocar no ar as perguntas representativas do conjunto que chegava, já que não era possível respondê-las todas. Em algumas ocasiões, chegamos a receber mais de 150 perguntas, número que se manteve na metade, enquanto média, para a maioria das teleconferências.

Como produzir teleconferências que fossem ao mesmo tempo pertinentes e interessantes?

Para todas as teleconferências, eram produzidas matérias pré-gravadas com intuitos diferentes, em função do que estaria sendo debatido.

Gravamos matérias com depoimentos de especialistas, matérias de rua ouvindo o que populares entendiam sobre esse ou aquele assunto, para, a partir do senso comum, podermos discutir e construir conceitos.

Muitas foram também as matérias de cunho histórico na busca de historicizar e contextualizar as temáticas em debate.

[1] Confira o depoimento do apresentador Cunha Junior em anexo.

[2] Rute A. P. Lúcio. Aluna-professora do Cefam do Butantã.

Além dessas já citadas, passamos a gravar matérias com os alunos-professores, em situações que retratavam o seu cotidiano profissional. Essa participação e contribuição foi agregando qualidade e significado pedagógico dos mais importantes. Foram gravadas situações didáticas de sala de aula e de extra-sala, que pudemos registrar e trazer para o debate. Também ouvimos diretores, coordenadores, merendeiras, pais e alunos, trazendo, dessa forma, a comunidade escolar, em sua diversidade, para integrar o debate.

Algumas situações foram vivenciadas a partir das propostas que o Grupo de Trabalho de Teleconferência sugeriu. Como exemplos, gostaria de lembrar: a visita guiada por uma professora de uma das universidades a uma exposição de arte no Sesc Belenzinho, com a presença de 40 alunos-professores; a reconstrução da história da vida política do País, por meio de fotos pessoais de uma aluna-professora; a gravação, por dois dias consecutivos, da Vivência Educadora de Matemática de uma das alunas-professoras, em sua escola; situações de mesa redonda entre alunos-professores e especialistas que, depois, tiveram sua discussão segmentada e inserida no decorrer da teleconferência. Enfim, foram muitos os registros geradores de matérias que integraram o repertório das teleconferências, de forma a incrementar o debate.

A produção desses materiais tinha por objetivo disparar os blocos de debates, problematizá-los, contextualizá-los ou, ainda, trazer exemplos que ilustrassem o que estava em discussão. As matérias iam dando ritmo ao debate e, ao mesmo tempo, trazendo repertórios que se agregavam à discussão em curso.

Como vincular a teleconferência aos demais recursos produzidos para o curso?

Além das teleconferências, outras diferentes mídias integraram o PEC - Formação Universitária, todas elas produzidas levando em conta os objetivos do curso e o seu público-alvo. Seu conteúdo, organizado de maneira distinta do tradicional, não por disciplinas tradicionais, mas por eixos temáticos, levou à produção de materiais que atendessem a essa demanda específica.

Nesse sentido, é importante que a teleconferência seja vista enquanto um recurso de mídia, vinculado às demais produzidas para o curso. Seu significado deve ser compreendido na intersecção com os diferentes recursos utilizados.

Em alguns momentos, a teleconferência tinha por objetivo inaugurar uma temática que somente seria objeto de estudo em sala de aula na semana seguinte. Nesse contexto, a abordagem dos conteúdos deveria obedecer rigorosamente à função de introduzir o tema e as principais problemáticas que o envolviam. Outras vezes, a teleconferência ia ao ar no meio do processo de estudo de um tema, o que nos obrigava a uma outra abordagem, que considerasse o repertório trabalhado pelos alunos-professores, na qual, na maioria das vezes, o aprofundamento do tema era o objetivo primordial. Por fim, havia as teleconferências de encerramento temático, nas quais a síntese dos principais conteúdos estudados passava a nortear os trabalhos do dia.

A maleabilidade na construção das teleconferênciass, adequando-as às necessidades pedagógicas do curso, garantiu o seu papel de fórum privilegiado no conjunto das mídias utilizadas. Também cabe salientar que se caracterizava como a única mídia que atingia simultaneamente o conjunto de alunos-professores integrantes do projeto.

Foram assim produzidas 29 teleconferências, em cujo conjunto pode-se identificar alguns elementos caracterizadores que lhes conferem identidade e que são importantes destacar:

- fórum de debate entre acadêmicos de envergadura nacional e internacional;
- permanente participação de alunos-professores, de diferentes modos, seja ao vivo debatendo, em matérias pré-gravadas, ou por perguntas enviadas no decorrer da transmissão, por fax e *e-mail;*
- transposição das questões teóricas para o universo prático da realidade escolar, com total ênfase no ensino público;
- busca permanente de problematização de contextos educacionais diversos;
- vínculo dos assuntos debatidos com as demais mídias que compõem o curso.

Considerações finais

O ineditismo do trabalho que caracterizou o PEC - Formação Universitária, no qual a teleconferência se insere, traduz como exemplo a busca de novos caminhos que atendam às necessidades da sociedade denominada como do conhecimento e da informação, caracterizada pela agilidade com que elas circulam. No caso do ensino público, assumiu uma forte dimensão política ao colaborar com a formação em serviço de quase 7 mil professores do Estado de São Paulo, realizando o anseio antigo da formação universitária e ao mesmo tempo influenciando na qualidade de ensino das crianças atendidas pelas escolas públicas estaduais.

REFERÊNCIAS

ALARCÃO, Isabel (Org.). **Formação reflexiva de professores.** Portugal: Ed. Porto, 1996. Coleção CIDINE.

ALAVA, S. (Org.). **Ciberespaço e formações abertas:** rumo a novas práticas educacionais? Porto Alegre: Artmed, 2002.

CITELLI, A. Educação e mudanças: novos modelos de conhecer. In: **Aprender e ensinar com textos.** São Paulo: Cortez, 1998.

FUSARI, M. F. R. Comunicação e meios de comunicação na formação de professores. In: CONFERÊNCIA BRASILEIRA DE EDUCAÇÃO, 6, 1992, São Paulo. Resumo. São Paulo: Iglu, 1992.

BOURDIEU, Pierre. **Sobre a televisão.** Rio de Janeiro: Zahar, 1996.

BRASIL.MEC. **Parâmetros curriculares nacionais.** Brasília: INEP, 1998.

Mídia e educação: perspectivas para a qualidade da informação. **Revista Tv Escola,** Brasília: 2000.

Material escrito especialmente para o PEC – Formação Universitária. Não publicado.

ANEXO

Depoimento do Apresentador Jornalista Cunha Junior[1]

Tudo começou de maneira simples, com um convite formal para eu apresentar uma série de teleconferências para a Secretaria de Educação do Estado de São Paulo. Até ai tudo bem, já que tenho prática suficiente para apresentar e mediar programas e debates. Só que as "teles" do PEC - Formação Universitária foram ganhando um outro rumo, além do formal.

Os assuntos debatidos despertaram meu interesse pessoal a respeito da educação.

Aos poucos passei de simples apresentador para uma espécie de interlocutor dos alunos do curso. Fugindo do roteiro, eu colocava questões, dúvidas e dava depoimentos com base na minha própria experiência.

Essas "pequenas ousadias" tiveram um efeito inesperado: os alunos e alunas, num processo de identificação, me viram como porta-voz de suas próprias dúvidas.

Isso possibilitou maior interação, tornando os programas-aula, que já eram ricos em conteúdo, também atraentes para se assistir.

Posso afirmar, com toda sinceridade, que foi uma das experiências mais marcantes da minha vida. O PEC - Formação Universitária foi muito além de mais uma experiência profissional na minha carreira. Durante o curso eu também aprendi com os conteúdos, e cresci como ser humano.

[1] CUNHA JUNIOR é médico, jornalista e apresentador de televisão.

LEARNING SPACE: UMA AÇÃO PEDAGÓGICA REALIZADA EM AMBIENTE VIRTUAL

Godiva Accioly
Maura Guedes
Professoras-Assistentes

No desenvolvimento de sua organização curricular, o Programa de Educação Continuada - PEC - Formação Universitária - utilizou três mídias interativas: a videoconferência, a teleconferência e sessões de trabalho monitorado *on-line*[1]. Para a realização das atividades *on-line*, o PEC - Formação Universitária, contava na sua estrutura organizacional com professores assistentes, que atuavam em ambiente virtual, atendendo aproximadamente 60 alunos-professores. Com o objetivo de aprofundar, discutir ou sintetizar os temas abordados na videoconferência e na teleconferência, foi previsto que os professores assistentes comentariam as respostas encaminhadas pelos participantes às questões abertas ou fechadas, discutiriam questões propostas nos fóruns, trocariam idéias e opiniões nos *chats* e orientariam a realização de pesquisa na *Internet*.

As atividades *on-line*, baseadas em protocolos de trabalho previamente estabelecidos, foram realizadas na *intranet* do Programa, e a ferramenta utilizada consistiu no e-learning - "*Learning Space* da Lotus/IBM", recurso esse que propiciou a interação dos participantes nessa prática pedagógica.

A sala 131 do Bloco B da Feusp tornou-se o espaço que abrigou não só os equipamentos necessários à realização das sessões de trabalho monitorado *on-line*, do programa PEC - Formação Universitária, como também acolheu as nossas expectativas diante de uma primeira experiência que abrangia novas técnicas e metodologias. Estávamos diante de nova realidade cultural e tecnológica que iríamos vivenciar como professores assistentes.

Procuramos registrar, nesse texto, a análise de nossa experiência, tomando como ponto de partida a ação pedagógica desenvolvida no ambiente virtual. Essa experiência nos levou a revisar e renovar o nosso entendimento acerca dos sentidos da prática educativa e da competência dos profissionais de educação, de modo a apresentá-la como aquisição complexa e exigente que se dá num processo dinâmico de transformações.

Iniciamos nosso trabalho após breve capacitação técnica que nos possibilitou apenas a aproximação com o programa e o "domínio" relativo do meio virtual. A ambientação com o *Learning Space*, a conseqüente apropriação dos recursos técnicos disponibilizados pela ferramenta utilizada, assim como a agilidade necessária à sua utilização fizeram parte do processo de aprendizagem desenca-

[1] A expressão *On-line* segundo o dicionário disponível no site http://www.aisa.com.br/diciona.html significa "ligado e conectado. Usuários estão *on-line* quando estão conectados com a *Internet* através de um modem".

deado com o início das atividades previstas nas sessões *on-line*. Esse processo de aprendizagem também ocorreu com os nossos alunos-professores, e é preciso notar o fato de a grande maioria, tanto dos participantes, como dos professores assistentes, possuírem pouca familiaridade com as mídias interativas.

Colocou-se de imediato a necessidade de superar obstáculos de tempo, espaço, distância, quantidade e qualidade de informação, presentes na relação com a máquina e com os meios tecnológicos, sem o que não seria possível uma integração ao processo de comunicação próprio do meio utilizado. A tecnologia é a face visível desse processo e sua presença, ao mesmo tempo que conquista seu usuário através de uma interatividade técnica, exige de seu desempenho maior concentração e prontidão.

Como nos propusemos iniciar o nosso relato pela ação pedagógica desenvolvida em ambiente virtual, cabe-nos pensar no papel do professor perante a esta modalidade de ensino, o que significa deslocá-lo da posição presencial ocupada no ensino convencional, para atividades de tutoria a distância, mediatizadas por suportes técnicos de comunicação. Acreditamos que uma grande diferença é estabelecida nessa mudança, tanto nos aspectos da interação e mediação, como no aspecto operacional, modificando o papel e as funções do professor à distância.

As referências, assim como a segurança decorrente de nossas experiências docentes, ficaram momentaneamente abaladas diante do ambiente virtual, do desconhecimento físico dos nossos alunos e de como utilizaríamos os novos mediadores do processo ensino e aprendizagem, disponibilizados pelo programa. Só com a prática, essas dificuldades foram aos poucos superadas, como nos revela um professor assistente em seu relatório de atividades: "receios, dificuldades em trabalhar em um ambiente virtual, foram com o tempo se desfazendo, na medida em que fomos incorporando à nossa cultura presencial e impressa, a cultura digital".

Antes que nos desfizéssemos de nossas inseguranças, o que dependeria de nos darmos tempo para enfrentar o desafio proposto, encontramo-nos já de posse das atribuições do professor assistente, apontadas no projeto básico do programa:

- fazer a interface *on-line* com os alunos-professores relativa às atividades disponíveis via *intranet* - no ambiente de aprendizagem *Learning Space*, articuladas com as videoconferências;

- atender cada professor-assistente na mesma sessão de trabalho monitorado *on-line* 4 ou 5 subgrupos (de cerca de 14 pessoas) de 4 ou 5 grupos diferentes localizados em diferentes Centros Específicos de Formação e Aperfeiçoamento do Magistério — CEFAMs, o que totalizava cerca de 56 pessoas.

- não ter interface presencial com o aluno.

Nas 12 horas semanais divididas em três sessões, partilhadas por três professores assistentes, nos períodos da manhã, tarde e noite, procurávamos o equilíbrio das qualidades, a pedagógica e a técnica, que pretendíamos imprimir em nossos comentários sobre as atividades realizadas pelos alunos-professores.

A análise das respostas a essas atividades permitiu perceber o empenho, a dedicação, as dificuldades e os avanços dos alunos. Algumas respostas revelavam a leitura e discussão dos textos, outras, se distanciavam do enunciado proposto, uma vez que os pré-requisitos para a sua realização não eram cumpridos pelos alunos-professores. Algumas questões eram respondidas de forma única, revelando que a discussão e a resposta resultavam do trabalho do grupo-classe, e não de pequenos grupos, conforme a orientação do programa.

Percebemos, no decorrer do processo, que a redação dos alunos foi-se tornando mais clara, mais objetiva, mais coerente, mais coesa, embora revelasse ainda a dificuldade de distinguir em suas respostas categorias como as de explicar, justificar, comentar, relatar, etc. demandadas na consigna.

O acompanhamento das atividades realizadas pelos alunos-professores se dava mediante registros de seus avanços e dificuldades. Constatamos que um número significativo de questões, devolvidas aos grupos, não retornou para um novo comentário. Observamos, igualmente, que as respostas aceitas nem sempre foram lidas. Muitas vezes incluíamos em nossos comentários sugestões que estimulavam a troca de opinião, o que poderia ocorrer na resposta da questão seguinte; isto, no entanto, geralmente, não acontecia.

Nesse processo, notamos que a linguagem escrita ocupa o papel principal na invisibilidade do espaço virtual. É exclusivamente nela que se concentram todos os recursos que possibilitam o estabelecimento da relação pessoal, imprescindível ao processo ensino-aprendizagem, seja em situações presenciais, seja em situações à distância.

Essa constatação é confirmada por Costa, (2002, p. 98) quando afirma: "No ciberespaço, o autor não dispõe de recursos como o gesto, o tom de voz e o olhar – seu texto deve ser preciso e expressivo, substituindo todo o apelo da nossa imagem visual e da mímica que utilizamos em nosso dia-a-dia".

A ressignificação da figura do professor, conseqüência das novas formas de comunicação digital, depende diretamente da linguagem escrita. A maneira de dizer as coisas se transforma no universo *on-line*. Os textos escritos se apresentam com características mais flexíveis, com identidade própria ao contexto, e exigem, assim, uma linguagem convidativa capaz de instaurar a sociabilidade, criar empatias e possíveis afinidades, que certamente facilitarão a complexidade da interação própria do meio em questão: indireta no espaço, por ser descontínua, e no tempo, pela ausência de simultaneidade.

A essa preocupação, que acreditamos ser verdadeira, soma-se a dificuldade de apropriação das técnicas relativas ao novo instrumento pedagógico e suas características virtuais. Exige concepções metodológicas diferentes das utilizadas nos métodos tradicionais, bem como mudanças na maneira de entendermos a didática e o ensino.

A partir dessas constatações, repensamos e reorganizamos nossas práticas educativas. Desenvolvemos um arsenal de possibilidades que tornassem produtivo o nosso trabalho de orientar o aluno-professor nas atividades *on-line* referentes aos temas e unidades constantes da estrutura curricular do PEC. Tratou-se de um processo de atualização abrangente e necessário quando nos vemos diante dos projetos educacionais que fazem uso das novas tecnologias.

Belloni (2001, p. 88) considera que do ponto de vista teórico, três grandes dimensões devem ser atendidas nesse processo de atualização na formação de professores: a dimensão pedagógica, a tecnológica e a didática. Essas dimensões exigem o desenvolvimento de novas competências que potencializem os resultados dos processos educacionais, sejam presenciais, sejam a distância. Podemos dizer que, dessa forma, a preparação para a inovação tecnológica inclui também a preparação para as conseqüências pedagógicas advindas da sua inserção na educação.

Nesse sentido, os professores-assistentes desenvolveram, a princípio, pesquisas isoladas. Na medida em que as previsíveis dificuldades para o domínio sobre o novo ambiente virtual de aprendizagem se apresentaram, aprenderam a "mediatizar" o ensino proposto na atividade monitorada, descobrindo as possibilidades de interação a distância. Embora isoladas, as investigações partiam das dificuldades individuais e seus resultados eram partilhados apenas com os companheiros do mesmo turno de trabalho.

A integração deu-se de forma espontânea e não houve problemas de entrosamento da equipe que dividia a sala 131 em diferentes períodos. Diversos meios de comunicação foram sugeridos e adotados. Entre eles um caderno-registro colocado sobre a mesa, que guardava as dúvidas, possíveis soluções, sugestões para as atividades e que também foi usado como agenda para as eventuais reuniões semanais, realizadas às sextas-feiras.

Posteriormente, um *e-mail* coletivo agilizou a comunicação e facilitou o espírito de cooperação para a discussão de problemas e o intercâmbio da diversidade de competências. A equipe era formada por profissionais de diferentes áreas, característica fundamental para essa situação de aprendizagem, o que trouxe a todos a possibilidade de crescimento pessoal e de maior conhecimento dos conteúdos abordados.

O espírito de cooperação e aprendizagem colaborativa desenvolvidos entre os professores/assistentes foi de fundamental importância. Aspectos pertinentes às circunstâncias e às condições que evidenciavam pouca clareza sobre a metodologia do trabalho e do desenvolvimento operacional do projeto; à constante ansiedade em conduzir os comentários dirigidos aos alunos-professores de forma eficiente; ao tempo disponível que se mostrava insuficiente diante do volume de trabalho, entre outras lacunas, foram amenizados por essa cooperação até que outras medidas esclarecedoras e facilitadoras do processo de ensino e aprendizagem viessem a preenchê-las.

A título de ilustração transcrevemos alguns comentários de professores-assistentes registrados no fórum realizado em 4/2/02, promovido "com vistas a melhorar as estratégias de utilização no *Learning Space*" e que revelaram as dificuldades advindas do que expusemos acima:

"Nem sempre nossos comentários estão em consonância com o restante do conteúdo trabalhado nas demais atividades e espaços".

"Se tivéssemos uma visão mais ampla de todo o processo acredito que poderia melhorar minhas intervenções, tornando-as mais produtivas para os alunos".

"Tem sido um grande entrave o número de questões de cada sessão, não permitindo que haja maior discussão e interação com os alunos".

A data do registro desses comentários mostra-nos que durante os meses iniciais não dispúnhamos de forma acessível do material impresso, das videoconferências e demais orientações sobre o material utilizado, o que já vinha acontecendo regularmente com os tutores e com os professores-orientadores.

Foi a partir do Encontro de Professores-Assistentes, realizado em 13 e 14 de abril de 2002, em São Paulo, e que reuniu as equipes de professores-assistentes e suas respectivas coordenações (USP, Unesp, PUC), que passamos a ter conhecimento prévio do material impresso, das orientações relativas às atividades do LS e da possibilidade de assistir à gravação em VHS das videoconferências quando o tempo, sempre exíguo, nos permitia. Foi também nesse encontro que recebemos as orientações sobre a utilização do fórum e *chat*.

A incorporação dessas ferramentas na proposta de trabalho buscava, com certeza, tornar mais próxima a relação entre o aluno e o professor-assistente. A sua utilização possibilitaria ampliar os comentários realizados sobre as questões propostas nas unidades, discutir as principais dificuldades encontradas não só no curso, mas também em sua escola, além de incentivar a interação entre os participantes.

Inicialmente, a título de experiência, foi realizado um *chat* entre a equipe responsável pela adoção das novas ferramentas e os professores-assistentes. A análise da síntese desse registro permite identificar as preocupações, dificuldades e temas de interesse dos professores-assistentes dos quais destacamos:

- "experiência na utilização das tecnologias de informação e comunicação na educação;
- recursos e limitações da *Learning Space* como ambiente de aprendizagem virtual;
- dificuldades de criação de vínculos afetivos na interação com o aluno, realizada mediante os comentários escritos referentes às atividades *on-line;*
- limitação do tempo no *chat* e suas conseqüências na escolha e no aprofundamento dos temas propostos para discussão, na coordenação dos participantes e na qualidade dos resultados".

Como essas questões não estavam presentes no fórum, a sua realização foi prejudicada por problemas de ordem técnica e operacional, que impediram o seu melhor aproveitamento no desenvolvimento do curso. Assim, o fórum como ferramenta para comunicação assíncrona que permitiria tanto ao participante do curso, como ao professor assistente, ler e discutir as questões enviadas, não alcançou os objetivos esperados. Ao lado dos problemas de natureza técnica, também o grande número de alunos participantes tanto no fórum, como nos *chats*, inviabilizou o uso adequado dessas ferramentas.

O fator tempo foi decisivo na impossibilidade de correção das restrições relativas ao uso das novas ferramentas, o que de certa forma causou insegurança e impaciência nos usuários, professores-assistentes e professores-alunos, afastando-os de investidas mais efetivas, direcionadas às interações nesses espaços, o que certamente traria resultados positivos na execução das atividades propostas.

As potencialidades comunicacionais e pedagógicas próprias das ferramentas inseridas para favorecer as atividades de aprendizagem, tornando-as mais dinâmicas e interativas, não foram devidamente integradas e aproveitadas, o que nos sinaliza a necessidade de aprofundamento nas pesquisas relativas à sua utilização nos novos ambientes de aprendizagem.

A sala 131 e o ciberespaço delimitaram o campo no qual buscamos, nesse exercício de memória, resgatar o que nos pareceu significativo em nossa atuação como professores-assistentes no PEC – Formação Universitária. A partir da ação pedagógica, localizamos na experiência realizada em ambiente virtual, o que para nós se apresentou como elementos determinantes na evolução do trabalho proposto.

Não houve nesse percurso um roteiro predeterminado que contemplasse os aspectos mais ou menos importantes que caracterizaram a nossa atuação, mesmo porque cada um deles, os aqui mencionados e os outros que deixaram de ser ressaltados, pareceram-nos assinalados pela liberdade e pelo respeito à personalidade de cada um de nós.

REFERÊNCIAS

BELLONI, Maria Luiza. **Educação a distância.**
Campinas: Autores Associados, 2001.

CASTELS, Manuel. **A sociedade em rede.**
São Paulo: Paz e Terra, 2000.

COSTA, Maria Cristina Castilho. **Ficção, comunicação e mídias.**
São Paulo: SENAC, 2002.

LEVY, Pierre. **Cibercultura.**
São Paulo: Editora 34, 1999.

LITWIN, Edith (Org.). **Educação a distância**:
temas para o debate de uma nova agenda educativa.
Porto Alegre: Artmed, 2001.

MASETTO, Marcos T. Mediação pedagógica e o uso da tecnologia.
In: **Novas tecnologias e mediação pedagógica.**
Campinas: Papirus, 2000.

SILVA, Marco. **Sala de aula interativa.**
Rio de Janeiro: Quartet, 2000.

III - Modalidades Didáticas de Trabalho

AS OFICINAS CULTURAIS NO PEC – FORMAÇÃO UNIVERSITÁRIA

Kátia Lomba Bräkling
Membro da Equipe de Apoio às Universidades

Por que Oficinas Culturais?

As últimas décadas têm sido marcadas pelo acesso da população às escolas de ensino fundamental e médio. Além disso, medidas institucionais têm sido adotadas tanto nas esferas estaduais, quanto municipais e federais para tentar garantir a permanência dos alunos na escola, procurando oferecer-lhes condições para a progressão nos estudos, com qualidade.

No entanto, programas de avaliação desenvolvidos pelas mesmas instituições - como o Saeb (na esfera federal) e o Saresp (na esfera estadual) - assim como por organizações internacionais - como o Pisa[1] - têm demonstrado que a proficiência dos alunos brasileiros do ensino fundamental e médio nas áreas de linguagem e matemática tem deixado muito a desejar.

Quando se procura pensar nos motivos que podem estar na origem desse problema, é inevitável pensar-se na relação estabelecida entre prática docente e aprendizagem, que é intrínseca: o que se ensina, e a forma utilizada para ensinar criam situações de aprendizagem que impõem, inevitavelmente, restrições para o aprendizado. Em outras palavras, não se aprende qualquer conteúdo a partir de um trabalho organizado por qualquer pressuposto teórico-metodológico ou didático. Ao contrário, desde a seleção dos aspectos a serem ensinados a prática pedagógica já está criando situações de aprendizagem nas quais circularão determinadas informações, de uma maneira específica, que possibilitará aprendizados também específicos.

Ao pensarmos a proficiência dos alunos brasileiros, portanto, uma outra questão se coloca: a da formação dos professores. Indagações passam a povoar as reflexões sobre o tema, buscando respostas para questões como:

a) quais os conteúdos efetivamente selecionados para o trabalho nas salas de aula brasileiras?

b) quais atividades são prioritárias para os professores no desenvolvimento de seu trabalho educativo?

c) que pressupostos teóricos e didático-metodológicos orientam a ação docente nas nossas escolas?

d) existe adequação entre pressupostos didático-metodológicos e possibilidades de aprendizagem dos conteúdos tematizados?

[1] Programa da OCDE – Organização para Cooperação e Desenvolvimento Econômico –, organização global cujo objetivo declarado é auxiliar os governos-membros no desenvolvimento de melhores políticas nas áreas econômicas e sociais.

e) qual a coerência entre tais pressupostos e o aluno que se pretende formar?

f) que consciência tem o professor a respeito dessas questões e de como elas interferem na formação de seu aluno?

É por esses motivos – entre outros – que a discussão sobre a qualidade do ensino no país nas últimas décadas tem passado, necessariamente, pela discussão da necessidade de organização de ações de formação que possibilitem ao professor pensar a respeito desses aspectos pontuados.

Para além disso, mais do que refletir criticamente a respeito de tais aspectos e de proceder a uma revisão crítica profunda de sua ação educativa, as ações de formação têm esbarrado nas seguintes questões: em tempos em que tão poucos são os que têm acesso aos bens culturais produzidos, a que distância de tais bens estão os professores das escolas brasileiras? Que diferença faz para a sua formação pessoal e para a sua atuação profissional o acesso a tais bens? Em que medida o professor compreender-se como participante do processo de produção dos bens culturais que circulam socialmente pode ser relevante para a sua formação e para a de seu aluno?

As pesquisas realizadas pelo Censo Escolar 2001 (Inep), por exemplo, e, mais recentemente a publicação de Abramovay; Castro (2003)[2] (embora refira-se apenas ao professor de ensino médio), têm mostrado que parcela significativa do professorado brasileiro se vê privada do acesso à circulação dos bens culturais. Estas pesquisas mostram que – entre as quatro atividades pesquisadas – a freqüência maior dos professores é a cinemas e shows, ainda que parcela significativa também fique fora dela (9,6% dos professores pesquisados em escolas públicas do Rio de Janeiro e 25,7% das de Belém, no ano de 2001). No que se refere à freqüência a teatros e museus, a questão é mais contundente: cerca de um terço dos professores pesquisados não realizaram essa atividade em 2001.

Isso tem conseqüências significativas para a formação do professor, pois possui repercussões imediatas no seu letramento: determina a sua maneira de relacionar-se com o conhecimento em geral – bens culturais aos quais deve ter acesso –, o tipo de estratégias e ferramentas que pode construir para produzir, registrar e divulgar conhecimento, as suas crenças a respeito de como seu aluno deve relacionar-se com o conhecimento. Em última instância, têm repercussões muito significativas na sua maneira de agir no mundo e, dessa forma, na sua profissão.

Considerando – entre outros aspectos – essa reflexão, grande parte das iniciativas que vêm sendo tomadas no âmbito da formação de professores têm tratado de prever, invariavelmente, ações que se desenvolvem na perspectiva de

[2] ABRAMOVAY, M.; CASTRO, M. G. (Orgs.) **Ensino médio:** múltiplas vozes. Brasília: UNESCO/MEC, 2003.

possibilitar ao professor a sua inclusão efetiva no processo circulação dos bens culturais, assim como a sua compreensão de que é, enquanto ser histórico e social, inevitavelmente, um produtor de cultura.

É no âmbito dessas ações que se incluem as Oficinas Culturais do PEC - Formação Universitária, em sua edição estadual.

O que foram as Oficinas Culturais?

As Oficinas Culturais no PEC-Formação Universitária (edição estadual) constituem-se como uma modalidade didática de trabalho que possui duas características fundamentais. Em **primeiro lugar**, por serem oficinas, tiveram como objetivo a aprendizagem do professor especialmente por meio da discussão do seu fazer, orientada por determinados objetivos pré-definidos. Não um fazer por si mesmo, mas um fazer reflexivo, orientado pela discussão dos pressupostos teóricos do fazer proposto, desenvolvido e efetivamente realizado. Em **segundo lugar**, por serem culturais, constituíram-se em ações que tematizavam a inserção efetiva do professor no mundo da cultura, seu acesso a determinados bens culturais e a ampliação de seu letramento, todos aspectos fundamentais para a sua formação pessoal e profissional.

Com uma carga horária total de 140 horas, foram organizadas em dois grandes grupos de atividades:

- **grupo 1**: destinado ao desenvolvimento de atividades cuja finalidade foi, exclusivamente, a formação cultural do professor e a ampliação de seu letramento;
- **grupo 2**: destinado ao desenvolvimento de atividades que visavam a "fornecer matéria-prima e instrumentos para que o cursista [pudesse] vislumbrar o desenvolvimento da fruição estética dos seus alunos"[3].

O **grupo 1** de oficinas teve três grandes objetivos:

- Possibilitar ao aluno-professor o domínio dos principais gêneros do discurso que circulariam no curso – artigo de opinião, relatórios de trabalho, monografia, artigo acadêmico-científico, relatório de pesquisa, entre outros –, o que lhe garantiria a ampliação (ou construção) de um saber fundamental para o desenvolvimento das atividades do curso;
- Possibilitar ao aluno-professor maior participação no universo da cultura letrada, daí a discussão a respeito do papel e do valor da palavra na cultura letrada, da relação que diferentes autores construíram com a palavra e com a literatura, da relação que diferentes manifestações artísticas poderiam construir com a palavra;

[3] Ementário do PEC - Formação Universitária (edição estadual), p. 20. Material não publicado.

- Possibilitar ao professor a ampliação da sua formação cultural, sem que isso tivesse, necessariamente, relação direta com a sala de aula ou com o exercício da docência. Daí o contato com diferentes manifestações artísticas, de diferentes naturezas e linguagens: literatura, cinema, teatro, artes plásticas, sempre visando, sobretudo, possibilitar maior desenvolvimento da fruição estética do aluno-professor.

O **grupo 2** de oficinas teve como objetivo principal fornecer referências e instrumentos para que o aluno-professor pudesse orientar o desenvolvimento da fruição estética dos seus alunos. Nesse sentido, foram realizadas tanto oficinas relacionadas às diferentes manifestações artísticas, como literatura, produção de textos verbais escritos e artes plásticas.

O desenvolvimento e a elaboração das Oficinas Culturais

Duas foram as características fundamentais da produção das atividades do PEC - Formação Universitária (edição estadual): a primeira, **a produção coletiva e colaborativa**, que pressupunha a organização de grupos de trabalho inter-universidades (USP, Unesp e PUC-SP) que se responsabilizavam pela discussão, definição e elaboração de todas as atividades a serem desenvolvidas. A segunda foi a **produção em processo**, quer dizer as atividades eram produzidas concomitantemente ao desenvolvimento do curso junto aos alunos. Ainda que as diretrizes e as orientações gerais tivessem sido definidas em ementário, a decisão sobre os conteúdos que efetivamente teriam as oficinas foi sendo tomada colaborativamente, em reuniões periódicas com o Grupo de Trabalho das Oficinas Culturais.

Nesse processo, e sempre em articulação com as reflexões do GTAC – Grupo de Trabalho Acadêmico-Científico, que discutia as questões gerais do curso e não apenas aquelas que se referiam a temas ou modalidades específicas –, muitas vezes, foram acrescentados conteúdos não previstos, retirados conteúdos considerados inadequados, revistas cargas horárias e alteradas seqüências de trabalho em função das necessidades de aprendizagem dos professores.

Exemplos disso foram a antecipação da Oficina "Lendo e produzindo textos acadêmicos", em função de necessidades de aprendizagem dos professores apontadas pelo GTAC; a elaboração da Oficina de "Introdução ao uso de Fórum e *Chat*" e a de "Escrita da Monografia".

Há que se considerar, ainda, que a realização das atividades das diferentes oficinas pressupunha a elaboração de material impresso, a ser utilizado pelo tutor em atividades de classe realizadas em Trabalhos Monitorados *off-line* (TMs *off-line*) ou Trabalhos Monitorados de Suporte (TMs Suporte), e poderia prever, também, a articulação dessas atividades com os demais tipos de modalidades disponíveis no programa, como as teleconferências, as videoconferências e o espaço de aprendizagem *web*, denominado *Learning Space*. No entanto, essa articulação ocorreu com baixíssima freqüência, não chegando a haver, por exemplo, atividades *web* nas oficinas culturais, e apenas uma teleconferência, a de "Diversidade Cultural".

Além disso, podia-se, ainda, contar com os diferentes recursos disponíveis, como a utilização de vídeos, CDs, livros.

Além das oficinas culturais produzidas colaborativamente e desenvolvidas por todos os alunos do curso de acordo com material impresso comum, aconteceram as oficinas realizadas nas semanas presenciais organizadas pelas universidades, de acordo com a especificidade de seu alunado. A Universidade de São Paulo, na semana realizada de 16 a 21/02/02, por exemplo, realizou três outras oficinas: "Oficina de Leitura de Audiovisuais", "Oficina de Leitura de Textos Acadêmicos" e "Oficina de Pesquisa", todas elas dirigidas à formação cultural do professor e à ampliação do seu letramento.

Produzidas coletivamente e configuradas no material impresso do curso, foram organizadas as seguintes oficinas culturais:

MODALIDADE DE ATIVIDADE	GRUPOS	EIXOS TEMÁTICOS
OFICINAS CULTURAIS	GRUPO 1	1. Leituras: Histórias de encontros
		2. Diversidade cultural
		3. A palavra na cultura letrada
		4. Lendo e produzindo textos acadêmicos
		5. Metodologia de pesquisa
		6. Introdução ao uso de Fórum e *Chat*
		7. Escrita de monografia
	GRUPO 2	8. Literatura: o professor leitor e formador de leitores
		9. Produção de texto

A Repercussão das Oficinas junto aos alunos

De modo geral, as oficinas foram bem aceitas e bem avaliadas pelos alunos durante o desenvolvimento do curso.

Acreditamos que isso se deva, sobretudo, ao fato de serem atividades relacionadas, diretamente, ao fazer do professor, por um lado, e por outro, por estarem – em sua maioria – "descoladas" dos conteúdos dos módulos, em si, quer dizer, de serem, sobretudo as primeiras, atividades não relacionadas diretamente ao conteúdo dos módulos, propiciando aos professores reflexão diferenciada, relacionada muito mais às suas experiências pessoais de fruição estética.

Quando se trata das Oficinas de Leitura de Textos Acadêmicos, de Pesquisa e de Monografia, sobretudo da primeira e da última, o que se verifica é uma referência à sua complexidade.

Cabe, aqui, uma reflexão. Acreditamos que, de fato, tais oficinas apresentam conteúdos mais complexos, relacionados a uma área específica – conhecimentos relativos aos gêneros que circulariam no curso e com os quais os alunos-professores teriam contato freqüente, lendo-os e/ou produzindo-os – para a qual nem sempre o tutor estaria bem preparado, dada a diversidade das áreas de formação dos mesmos. Assim, mesmo que as orientações elaboradas para os mesmos buscassem antecipar discussões, apresentar referências adicionais, estabelecer relações com conhecimentos mais do senso comum, apresentar exemplos: ainda assim, esse recurso foi insuficiente para garantir ao tutor que não tivesse formação em lingüística ou língua portuguesa, uma mediação mais adequada às possibilidades e às necessidades de aprendizagem dos alunos-professores. Daí a dificuldade dos alunos.

Nessa perspectiva, uma indicação para uma possível realização de novas oficinas do mesmo tipo, é o desenvolvimento de um preparo prévio e paralelo do tutor, no que se refere aos conteúdos mencionados. Uma possibilidade é a realização de oficinas – presenciais e/ou semipresenciais – junto aos tutores que visem trabalhar dos conteúdos que discutirão com os alunos-professores, e previsão de um acompanhamento paralelo do desenvolvimento dos trabalhos por especialistas da área. Esse último recurso, por exemplo, foi utilizado – ainda que não de maneira satisfatória – no desenvolvimento de alguns temas relacionados às áreas específicas do curso.

De qualquer forma, as Oficinas Culturais, sobretudo as organizadas no eixo correspondente à formação pessoal do professor e apresentação de possibilidades de acesso do professor aos bens culturais produzidos e em circulação, são recurso e modalidade didática indispensáveis quando se pensa, hoje, a formação do mesmo.

VIVÊNCIA EDUCADORA 10 (SIMPÓSIO DE PESQUISAS): ALGUMAS IMPRESSÕES

Rita de Cassia Gallego
Tutora - São Bernardo do Campo, turma A, manhã
Tatiana Guazzelli
Tutora - São Bernardo do Campo, turma A, tarde

O PEC - Formação Universitária contou com diversas modalidades de tarefas. Além dos módulos interativos, foram planejados espaços de formação para se investigar e problematizar a realidade da escola. Para que se produzisse conhecimento a partir da relação teoria-prática pedagógica, durante os 18 meses de curso, realizaram-se atividades denominadas Vivências Educadoras que, integradas às demais modalidades de ensino, proporcionaram a observação sistemática de um dado aspecto do cotidiano escolar. Concomitantemente, desenvolveu-se, nas escolas onde os alunos atuavam, a pesquisa referente ao Trabalho de Conclusão de Curso (TCC).

Foram desenvolvidas dez Vivências Educadoras que se articularam horizontalmente com os módulos e verticalmente entre si nesta seqüência: caracterização diagnóstica da instituição escolar; planejamento, desenvolvimento, avaliação e análise de projetos e/ou programações nas diferentes áreas do currículo de 1ª à 4ª série (língua portuguesa, matemática, ciências e meio ambiente, história/geografia/ética e pluralidade, artes, corpo e movimento); estudo de critérios e instrumentos de avaliação do sistema de ensino (Saeb e Saresp)[1]; análise de projetos e/ou ações de recuperação e reforço; socialização das experiências vividas e dos conhecimentos construídos no curso.

Para a realização da última vivência educadora, a coordenação do PEC-USP idealizou um "Dia de atividades integradas nos Centros Específicos de Formação e Aperfeiçoamento do Magistérios - Cefams" com apresentação de pôsteres temáticos e comunicações orais. Dessa forma, apresentou uma proposta geral que foi discutida com todos os tutores e orientadores. Nesse projeto, constavam a justificativa, os objetivos, a distribuição preliminar dos temas pesquisados em cada Cefam e a definição de data e local a ser realizada a vivência. Além disso, a coordenação providenciou os materiais necessários para a feitura dos pôsteres e dos resumos (disquete, folhas de papel para o pôster, canetas hidrocor, fita crepe e barbante).

A justificativa para a realização desse dia tão especial e significativo a todos os participantes do programa baseou-se na necessidade de compartilhar a riqueza das experiências no campo educacional acumuladas pelos alunos-professores durante o curso. Assim, os principais objetivos do projeto USP era o de colher

[1] Sistema Nacional de Avaliação da Educação Básica e Sistema de Avaliação de Rendimento Escolar do estado de São Paulo, respectivamente.

e trocar os bons frutos auferidos com o PEC, finalizando de forma prazerosa a vivência educadora 10 e contribuir para o aprimoramento da formação dos futuros professores (alunos do Cefam), dos colegas-professores e da equipe de trabalho.

A vivência educadora 10, à qual dedicaremos este texto, consistiu, então, na socialização dos resultados obtidos nos TCCs. Depois de delinear e apresentar a proposta geral, a coordenação-USP sorteou dois tutores e dois orientadores para organizar a atividade em cada Cefam.

O presente texto tem por objetivo relatar a experiência ocorrida no Cefam Tereza Delta, em São Bernardo do Campo (SBC). Nesse centro, as primeiras ações realizadas pelas responsáveis buscaram incluir a todos no evento. Num primeiro momento, reunimo-nos com todos os tutores, distribuímos tarefas, decidimos, por meio de voto, a forma de apresentação oral e do pôster e definimos o nome do evento – Simpósio de Pesquisas do PEC-USP – Vivência Educadora 10; em nosso encontro com a diretora do Cefam, que se envolveu imediatamente com o simpósio, foram colocados os materiais (filmadora, retroprojetores, máquina fotográfica, TV, vídeo, etc) e funcionários à disposição, autorizado o uso dos espaços e disponibilizada uma verba referente a materiais de papelaria para gastar com o PEC; e em reunião com os professores do centro, durante o Trabalho Pedagógico Coletivo – HTPC, informamos sobre o evento, pedimos que nos auxiliassem a cativar os alunos e agendamos um horário para ir às salas de aula a fim de explicar o formato, o objetivo e a importância do evento aos futuros professores.

O próximo passo foi o de divulgação do evento. Foram elaborados *folders*, faixas e convites para serem afixados em murais no Cefam com a programação. Fomos à Diretoria de Ensino convidar a supervisora responsável pela escola e demais interessados para o simpósio. Restava o trabalho perante os alunos-professores, protagonistas do evento.

Numa tentativa de garantir o êxito da Vivência Educadora e atrair todos os alunos-professores, decidimos orientar pessoalmente todas as turmas. O primeiro contato consistiu no esclarecimento dos objetivos do simpósio de pesquisas. Notamos em todas as turmas que o fato de terem que falar sobre os resultados de seus trabalhos de pesquisa, mesmo que por dez minutos, tempo considerado demasiado, deixava-os numa situação desconfortável, não conseguiam esconder o medo e a insegurança que sentiam. O desejo dos alunos era de que não houvesse público, de que os alunos do Cefam não comparecessem, pois assim apresentariam apenas para as colegas, o que, para muitos, ainda assim, não era consolador. As alunas do noturno, por exemplo, quiseram apresentar no período noturno por pensarem que não haveria ninguém, nem mesmo os organizadores.

Não foram poucas as vezes que fomos questionadas sobre a obrigatoriedade da apresentação. Percebemos que todo o «nervosismo» decorria da idéia errônea de que o simpósio consistia em uma atividade formal, cuja função era, principalmente, avaliá-los. Pelo fato de desconhecerem um evento dessa natureza, por mais que nos esforçássemos para acalmá-los dizendo que a função era socializar as pesquisas, não conseguiam se desvencilhar dessa imagem que construíram.

Em relação aos pôsteres, tendo em vista o real acúmulo de atividades do fim de curso, combinamos com os tutores de irmos a cada sala orientar a elaboração dos pôsteres para que os alunos os fizessem no respectivo horário de aula.

Como já havíamos detectado a grande insegurança que sentiam para apresentar oralmente seus trabalhos, fomos às salas orientá-los. Sugerimos que escrevessem um texto para que não se perdessem no decorrer de sua fala, incentivamos a utilização de recursos audiovisuais, especialmente cartazes com fotos e tópicos a serem desenvolvidos na exposição. Em algumas turmas as alunas com mais facilidade de se expressar oralmente propuseram-se a ajudar aquelas com mais dificuldades: deram sugestões, auxiliaram a organizar a apresentação, ensaiaram contando o tempo, tranqüilizaram-nas. Esse espírito de cooperação permeou todo o tempo de preparação dos trabalhos. Nessa etapa, por conta do convívio intenso e diário de praticamente duas semanas, já havia uma maior "intimidade" entre nós e as turmas das quais não éramos tutoras. Tivemos um convívio muito agradável, enriquecedor e gratificante com os 183 alunos.

O EVENTO: SIMPÓSIO DE PESQUISAS DO PEC-USP (SBC)

Conforme mencionado anteriormente, o simpósio foi organizado em dois momentos simultâneos: a exposição dos pôsteres e as apresentações orais. Nos dois momentos, houve maior participação dos alunos do Cefam, cerca de 200, no período da manhã.

a) Exposição dos pôsteres

Os pôsteres foram organizados por temas, identificados por cores:

TEMA	COR
Formação de professores e trabalho coletivo na escola	Amarelo
Família e comunidade na escola	Laranja
Indisciplina	Vermelho
Dificuldades de aprendizagem	Azul
Alfabetização	Preto
Avaliação e progressão continuada	Marrom
Inclusão	Verde
Artes, Educação Física e jogos	Rosa

A exposição foi organizada no refeitório: os 183 pôsteres foram colados em varais de linha de náilon. Na entrada da exposição, havia dois cavaletes: o primeiro com o texto de abertura e o segundo com a legenda da exposição.

b) Apresentações orais em salas temáticas

Foram organizadas seis salas de aula com apresentações simultâneas em duas sessões por período, em cada sala. Os alunos tiveram 10 minutos para expor os resultados do TCC. Em cada sala havia seis alunos-professores; o período de exposição totalizava 60 minutos acrescidos de 30 minutos para questionamentos e discussões. A média de participantes no período da manhã foi de 50 alunos por sala. À tarde, algumas salas contavam com 35 alunos e à noite os alunos do PEC socializaram seus trabalhos entre eles mesmos já que havia nesse período a participação de poucos alunos do Cefam.

c) Entrega de certificados

Foram entregues cerca de 200 certificados de participação e 183 de apresentação de trabalhos. Para receber o certificado, os participantes deveriam ter permanecido pelo menos 5 horas no evento. Aqueles que participaram de dois períodos, receberam o certificado correspondendo a 10 horas.

Impressões

Embora nossas ações tenham sido as mesmas em relação aos três períodos, temos resultados e percepções distintas a respeito do modo como ocorreu o simpósio nos diferentes turnos. O período da manhã contou com o maior número de alunos do Cefam e com outros convidados como estudantes do magistério e professores de escolas da redondeza. Muitos alunos-professores, de modo especial no período da manhã, vieram acompanhados de seus familiares e amigos, mostrando-se felizes por verem o Cefam completamente tomado por pessoas que estavam ali para prestigiar seus trabalhos. Muita gente nos corredores, salas superlotadas (havia salas com cerca de 80 pessoas), temas concorridos, aplausos, assovios, alunos-professores rodeados de alunos do Cefam e outros convidados interessados em seus trabalhos, alunos-professores realizados por terem vencido o medo de falar em público e terem apresentado seus trabalhos; eis o retrato do simpósio no período da manhã.

À tarde, o movimento dos alunos do Cefam ainda era intenso, embora menor que no período da manhã. Duas professoras, supervisoras de São Bernardo, dentre elas a responsável pelo Cefam, prestigiaram e elogiaram os trabalhos no período vespertino. Os alunos-professores saíam das apresentações bastante satisfeitos tanto com o seu desempenho quanto com o dos colegas.

Embora o período noturno tenha contado com menos convidados, o evento foi muito produtivo, as alunas-professoras apresentaram seus trabalhos a um menor número de pessoas o que propiciou mais debates que nos demais períodos. Com um público reduzido, garantiram-se discussões de nível teórico impecável e as expositoras saíram do Cefam, assim como os demais alunos, tristes por terem falado apenas por dez minutos. No período noturno as alunas ficaram um pouco frustradas já que contavam com um público menor. Cabe lembrar que antes do evento o fato de saberem que à noite haveria menos gente, era motivo de felicidade. Depois que se certificaram que não era nada do que tinham imaginado, que não ficaram tão nervosas como estavam antes de apresentar e que o ambiente era acolhedor, não se conformavam por não ter a mesma platéia que nos outros períodos.

Os alunos dos três períodos se esforçaram para que suas apresentações dessem certo. Prepararam materiais para entregar para os participantes, cartazes, transparências.

Avaliação do evento

De acordo com a proposta geral da coordenação, ao final das apresentações orais, deveria ser distribuída uma ficha de avaliação com três questões referentes aos aspectos positivos, aspectos negativos e sugestões. Procuramos também oferecer uma forma mais espontânea de avaliação, colocamos um caderno-ata na exposição dos pôsteres para que, a qualquer momento do dia, houvesse a possibilidade dos participantes registrarem suas impressões.

A leitura das avaliações feita pelos alunos do PEC e pelos convidados deixou-nos gratificados. Entre os aspectos positivos, os alunos-professores destacaram, sobretudo, a participação dos alunos do Cefam, a oportunidade de trocar, socializar e ampliar conhecimentos, a organização do evento, a contribuição para a prática pedagógica e a valorização do trabalho e esforço de cada um. Alguns depoimentos são representativos da opinião dos alunos-professores:

> *A forma como foi organizada fez com que as alunas-professoras sentissem liberdade em expor seu trabalho, sem 'pressão', ou terror da avaliação.*
>
> *Foi um grande evento envolvendo todos os alunos-professores, tutores, orientadores para a divulgação da monografia, valorizando assim nosso trabalho.*

A socialização dos trabalhos foi ótima tanto para nós alunos-professores do PEC quanto para os alunos do Cefam. Se não fizéssemos este simpósio, tantas informações ficariam arquivadas.

Foi uma experiência muito produtiva, pois pudemos perceber as inquietudes e sentir que não estamos sozinhos nesta luta. Acho que o evento atingiu seus objetivos ao máximo, pois além do aspecto pedagógico, eu voltei a sentir aquele calorzinho de coisas novas, idéias novas e que posso ter a certeza, de que quero continuar nessa estrada.

As apresentações dos trabalhos foram de suma importância para melhorar ainda mais o desempenho em sala de aula.

As avaliações preenchidas pelos convidados, de modo especial pelas alunas do Cefam, foram muito elogiosas e trouxeram a indicação de aspectos importantes. Dentre eles, destacam-se o papel do simpósio para sua formação e futura atuação, a oportunidade de debater e de ampliar conhecimento, o domínio dos assuntos que os alunos-professores demonstraram ter e o contato com novas informações levando a novas visões do trabalho em sala de aula. Algumas frases ilustram a opinião dos futuros professores:

Pude perceber que os professores estão bem preparados e dominam o assunto ao qual estão passando e os temas foram bem escolhidos conforme os aspectos apresentados no ensino.

Me ajudou muito até mesmo de incentivo para seguir a carreira de magistério e agora com garra. Pois, me ajudou a ter consciência de ser uma verdadeira educadora, que não só se preocupa com o passar o conteúdo da grade escolar, mas sim professora que pensa e sabe agir perante os alunos.

Ajuda a enfrentar uma carreira [...] encoraja as pessoas a seguir em frente.

Esclareceu bastante as dúvidas e respondeu várias curiosidades. As informações aprimoram nossos conhecimentos, levando-nos a ter mais interesse de aprender para ensinar melhor.

No que concerne aos aspectos negativos, as alunas do Cefam mencionaram o fato de as apresentações serem monótonas, muito expositivas, a extensão de leituras, o tempo restrito para cada apresentação e a não utilização de recursos audiovisuais. Tais apontamentos devem-se à falta de vivência de eventos acadêmicos/científicos. Embora tenhamos frisado o objetivo do simpósio ao irmos às salas, é evidente que algumas alunas esperavam encontrar dinâmicas mais interativas assim como oficinas pedagógicas.

Os alunos-professores elencaram aspectos negativos que compreenderam basicamente duas esferas: a coincidência do momento do evento com o momento final do curso havendo um acúmulo de atividades (estágio, véspera de prova, falta de tempo para preparar) e o tempo restrito para apresentação. Cabe ressaltar que, no início, a impressão quanto ao tempo reservado para a exposição era outra. Ao final do simpósio, a referência ao pouco tempo foi quase que unânime nas avaliações.

ALGUMAS SUGESTÕES

Tanto os alunos-professores quantos as alunas do Cefam sugeriram mais eventos como esse, durante o curso e não somente no final, maior tempo de apresentação e maior utilização de outros recursos (dinâmicas, jogos, etc.)

As sugestões dos alunos do PEC enfatizaram a necessidade e a importância de encontros dessa natureza, portanto explicitaram o desejo de continuar estudando e de participar de outros eventos como o simpósio.

> *Que não paremos por aí, que tenhamos outros cursos.*
>
> *Outros simpósios educacionais com mais freqüência por parte dos educadores.*
>
> *Que esta socialização aconteça sempre no final dos cursos universitários para uma maior divulgação das monografias.*

As alunas do Cefam também contribuíram com sugestões:

> *Poderia no próximo ano ter novamente. E quem sabe um dia, nós poderemos participar do simpósio.*
>
> *Claro que é inviável, mesmo por causa das tarefas dos alunos-professores do PEC, mas seria muito bom se houvesse uma "Semana PEC" onde cada assunto teria uma duração de aproximadamente 3 horas, tendo os alunos do Cefam possibilidade de conhecer melhor pelo menos dois assuntos, com isso no final da semana teríamos um melhor aproveitamento.*

Os depoimentos evidenciam que a realização do simpósio teve uma importância indiscutível favorecendo não só a formação das alunas do PEC, mas de modo especial das alunas do Cefam, futuras educadoras. O interesse e a participação de todos, principalmente das alunas do PEC que se esforçaram em meio de tantos trabalhos, contribuíram para o sucesso do simpósio de pesquisas.

Organizar o simpósio foi uma oportunidade única de conhecer as particularidades de cada uma das turmas do PEC em São Bernardo do Campo. Quando começamos a imaginar o evento, mal podíamos pensar que conseguiríamos reunir os melhores sentimentos humanos num só dia. Emoção, auto-estima, alegria, entusiasmo, satisfação. Jamais um relatório, fotos, avaliações, filmagem em VHS conseguirão registrar o que de fato aconteceu no Cefam em 13 de dezembro de 2002.

Trabalhamos muito. Foram praticamente duas semanas de trabalho integral. Valeu a pena! Fica a certeza de que não podemos imaginar o trabalho na escola de outra forma que não seja a coletiva. Cativar a todos é o desafio.

IV - Elaboração de Material Didático Impresso

PRODUZINDO EM EQUIPE: DESAFIOS NA ELABORAÇÃO DE UNIDADES DIDÁTICAS DE CIÊNCIAS NO PEC - FORMAÇÃO DE PROFESSORES

Martha Marandino
Co-elaboradora do material de Ciências

A - ...Então vamos colocar o texto do "Joãozinho da maré" e as explicações dos conceitos de dias e noites, estações do ano, equinócio, solstício, sol a pino, etc.

B - Mas tudo isso, num texto só?

C - Tudo bem para o texto impresso, mas para o Learning Space, sei não?

A - Mas cortar o quê? Tudo é tão importante?

D - É, e sem um conceito é impossível compreender o outro!!!!

E - Mas, gente, tem limite de espaço, são 15 laudas no máximo!!!

B - Vocês acham que a gente vai ensinar tudo de astronomia de uma vez só???

O diálogo foi simulado para ilustrar uma dentre as várias reuniões da equipe responsável pela produção do módulo referente à **Natureza, ciências, meio ambiente e saúde** do PEC - Formação de Professores (PEC-FORPROF). Como biólogos, ecólogos, químicos, geógrafos discutíamos, durante manhãs e tardes intermináveis, sobre quais conteúdos apresentar (o que é essencial?), como trabalhá-los, que enfoques privilegiar. Vivemos, com certeza, as mesmas dúvidas, ansiedades e desafios como grande parte dos professores que possuem autonomia sobre o processo educativo experimentam: para que ensinar ciências? Que conteúdos são significativos para os "meus alunos"? Quais estratégias são adequadas para a "minha" realidade? Que linguagem utilizar?

Ao receber o convite da coordenação do projeto na Universidade de São Paulo, as suas finalidades foram-nos explicitadas. Deu-se ênfase à importância da qualidade das atividades que ali seriam produzidas frente à responsabilidade e ao desafio da formação dos professores do ensino fundamental. O destaque dado à atualização dos conteúdos científicos e pedagógicos era elemento chave da proposta que se revelava, por exemplo, na diversidade e especialidade dos profissionais das várias áreas e das diferentes universidades.

Também era objetivo importante do projeto a atualização dos professores no que se refere ao uso de tecnologias, seja através do computador/*Internet*, seja por meio das videoconferências e das teleconferências.

O início da nossa participação no projeto deu-se neste âmbito, mais precisamente no grupo de discussão sobre o projeto conceitual das atividades que seriam elaboradas para o *Learning Space* – ou seja, para o espaço *on-line* de trabalho dos professores. Esse momento foi fundamental para obter uma ampla visão do projeto e entender os desafios que se colocavam para a elaboração do material.

Paralelamente a esse trabalho, iniciei minha participação na equipe de produção do material de ciências naturais para o PEC-FORPROF. Esta experiência foi extremamente rica em diversos aspectos. Não temos a pretensão aqui de tratar de todos eles. No entanto, gostaríamos de destacar que os embates vividos no processo de produção, exemplificados no diálogo que inicia esse texto, remetem à relação entre a dimensão disciplinar do conhecimento científico e a sua possibilidade de superação, ou seja, entre a especificidade de cada área de conhecimento envolvida – e de seus respectivos representantes – e a tentativa de transcendê-las em nome da articulação e da busca de uma unidade possível, que representasse as Ciências no ensino fundamental. Remete também ao desafio de educar e de comunicar ao público escolar, esta mesma ciência, de modo a promover aprendizagens significativas e cidadanias ativas.

Esses dois aspectos ressaltados serão explorados neste texto. Ao evitarmos, propositadamente, classificar a experiência vivida como interdisciplinar, já que não temos a intenção de aprofundar do ponto de vista teórico as categorias definidoras – e, por vezes, limitadoras – da interdisciplinaridade, pretendemos refletir sobre essa (im)possibilidade de articulação entre diferentes áreas das ciências naturais na produção de unidades didáticas. Preferimos, assim, analisar empiricamente os desafios e possibilidades de articulação entre as áreas de conhecimento que participaram desta experiência particular.

Além disso, ao discutir aspectos relacionados ao processo de seleção de conteúdos, de métodos e de avaliações, buscamos refletir sobre tempos, espaços e modos de produção de conhecimento escolar, a partir desta mesma experiência única.

Articulando áreas de conhecimento: o caso das ciências da natureza

O grupo de trabalho na produção do material sobre **Natureza, ciência, meio ambiente e saúde** tinha forte tendência biológica: afinal eram quatro biólogas, um biólogo, duas ecólogas, um geógrafo e um químico. A disputa pela hegemonia de conhecimento ali, de alguma forma, se revelava. Talvez, para alguns leitores do material, esse "viés" biológico seja natural. Talvez, para outros, reproduza a ênfase biológica muitas vezes dada ao currículo de ciências nas séries iniciais, e que pode ser questionada. Talvez tenha sido mero acaso: a composição da equipe é o resultado da indicação de especialistas de diferentes áreas feita pelas universidades participantes do Projeto. De qualquer forma, selecionar conteúdos dentre a imensa quantidade de informação de cada área implicava escolhas e abandonos nem sempre fáceis de serem administrados.

Além disso, entre os especialistas, alguns tinham formação em áreas específicas do conhecimento científico e outros possuíam formação também na educação. O grupo contava com uma coordenação pedagógica cujo papel era o de organizar as atividades e participar das discussões para a produção do material. Assim, para além dos conhecimentos científicos da biologia, da ecologia, da química, da física e das geociências, aqueles referentes ao campo educacional também estavam no jogo da constituição do conhecimento apresentado no material produzido. Dizemos "jogo" porque entendemos que essa tentativa de articulação entre as diferentes áreas e profissões ocorre num espaço/tempo no qual visões de mundo, paradigmas, conceitos, princípios e métodos disputam lugares para se manifestar enquanto saberes legítimos e legitimados, com *status* para serem ensinados nas aulas de ciências nas séries iniciais. "Jogo" entendido como resultado das negociações entre os discursos das diferentes áreas para a produção do texto final, no qual cada uma delas – com sua história, sua estrutura lógica e epistemológica, seus conteúdos e métodos e os atores envolvidos – possui voz que pode estar ou não presente no produto final. Ganharam espaço, neste jogo de poder socialmente e historicamente constituído, os discursos autorizados e legitimados no contexto específico da produção do material.

Entender esse processo de negociação mereceria uma análise aprofundada. Contudo, para sua compreensão é importante perceber que diferentes sujeitos participaram da constituição do discurso final do material didático. Saberes da astronomia, da biologia, da ecologia, da física, da química, mas também dos métodos, das concepções sobre o ensinar e o aprender, sobre o professor, sobre a escola e sua cultura tão particular, além dos interesses institucionais, se confrontaram e dialogaram nessa arena. Foi assim que, no processo de negociação, se constituiu um grupo coeso no interior do qual se fizeram escolhas que, por vezes, privilegiaram determinados aspectos enquanto outros eram abandonados, e no qual se equacionaram os variados interesses institucionais.

No tema **Natureza, ciências, meio ambiente e saúde** havia orientações precisas, que determinaram as opções feitas. Mas também existiam dilemas, como aquele referente à relação entre conteúdo e metodologia: que ênfase o material deveria possuir?

Para a equipe, o estudo das ciências contribui para o desenvolvimento dos alunos e por esta razão deve suscitar a curiosidade, o uso criativo da imaginação e a admiração pela beleza de estruturas, objetos, organismos, idéias e métodos. Logo, não se tratava apenas de transmitir um conjunto de dados, mas sim de provocar curiosidade e questionamento sobre plantas, animais, objetos e fenômenos naturais, estimulando observações e planejando investigações para responder às suas próprias perguntas.

No entanto, mesmo tendo objetivos claros sobre onde se queria chegar, diferentes caminhos ainda eram possíveis. Desse modo, a cada reunião, nossas finalidades eram confrontadas com novos desafios: mais conteúdos "imperdíveis", outros que ficavam de fora: "Onde colocar o tema biomas? Não tem mais espaço no material impresso!!!" "Então vamos colocar no *Learning Space*"! – eram as vozes que se ouviam na discussão em grupo. Havia ainda outras questões: limite de espaço e de tamanho do texto, de tempo para produção, dúvidas quanto à significação dos conteúdos para os professores e para seus alunos, possibilidade real de execução das práticas sugeridas, tendo nós mesmos que testá-las previamente.

Os interesses eram vários e cada área trazia seu aporte para contribuir no (re)direcionamento das finalidades inicialmente propostas. Diálogos, dissensos, busca por consensos, decisões polarizadas: que conteúdos devem ser trabalhados em ciências nas séries iniciais? Astronomia, sem dúvida: é conhecido o interesse dos alunos pelo tema e esse talvez seja o único momento em que é possível o contato com esses saberes. Mas somente Astronomia no currículo do ensino fundamental? Biodiversidade, por exemplo, não pode faltar: implica a possibilidade de compreender a estrutura da Vida – suas formas, padrões, composições – além do forte apelo para discussão da questão ambiental, conteúdo esse fundamental na formação do cidadão. Mas e os fenômenos físico-químicos? A compreensão do Meio físico, tornou-se, para nós, conteúdo chave não só para o entendimento do mundo ao redor, mas para observar suas transformações, seus fluxos de energia e matéria. E o ser humano? Saúde e qualidade de vida é tema de responsabilidade das ciências no ensino fundamental, justificadamente: são em grande parte os conhecimentos científicos responsáveis pelos avanços (e talvez de alguns retrocessos) na melhoria da qualidade de vida dos indivíduos, das sociedades e do ambiente e é esse o momento de tomada de consciência do corpo/mente e da formação de hábitos.

E mais: atualizar o professor com respeito às descobertas científicas mais recentes, salientando a produção científica brasileira era outro elemento pretendido. Em alguns pontos do material produzido isso foi possível, sempre buscando a articulação com os conteúdos desenvolvidos. É o caso, por exemplo, do destaque dado ao item Energia e Fluxos: cadeia alimentar, no qual se apresenta a contribuição dada pela pesquisadora brasileira Joana Döbereiner ao desenvolvimento da cultura de soja no país.

Mas também queríamos superar o trabalho centrado nos conteúdos conceituais: buscamos uma abordagem dos temas acima mencionados que pudessem, ao mesmo tempo, fornecer informações atualizadas e que proporcionassem uma articulação entre eles, fundada numa opção metodológica particular e contextualizadora. Eram os conteúdos procedimentais e atitudinais buscando seu espaço no currículo e que aparecem na medida em que os tópicos são abordados na forma de levantamento de concepções, quando experimentos são propostos visando à aprendizagem de procedimentos científicos, quando atividades de estudo do meio e de trabalho com objetos e situações cotidianas são incentivadas, e quando a reflexão sobre os efeitos de uma alimentação não balanceada ou sobre o impacto da *ciência & tecnologia* são discutidos. A elaboração do encarte com sugestões de atividades para o professor surgiu, de certa forma, dessa necessidade da equipe de pôr à disposição exemplos concretos de como as propostas por nós desenvolvidas poderiam ser realizadas na sala de aula.

Ao mesmo tempo, trabalhávamos com formação de professores: logo outros conteúdos eram necessários. Trazer para o conhecimento do professor o resultado de pesquisas recentes nos campos do ensino de ciências e, concomitantemente, provocar reflexão sobre a prática pedagógica na área era compromisso de toda a equipe. Articular, de forma orgânica, esses conteúdos com os demais até agora mencionados, significava novos desafios a cumprir. Desse modo, por meio de exemplos ou de atividades, foi intenção apresentar resultados de pesquisa e propor estratégias de reflexão e ação ao discutir os processos de ensino e aprendizagem em ciências. Essas estratégias foram concretizadas ao longo do material, por meio de metodologias que estimulavam a proposição de problemas (pelo professor ou pelos alunos), a reflexão e a utilização de experiências pessoais, a construção de hipóteses e a possibilidade de testá-las, a elaboração de conceitos científicos e a discussão em grupo com a orientação do professor. Além disso, ao final, essa preocupação com a atualização e a reflexão foi abordada numa unidade específica, durante a discussão sobre as perspectivas para o Ensino de Ciências, no desenvolvimento de tópicos sobre a história desta área e ao trabalhar os princípios orientadores da prática docente.

As articulações entre diferentes modalidades de conteúdos e a preocupação com determinadas abordagens teóricas e metodológicas de ensino foram sendo constituídas nas relações entre áreas de conhecimentos, pessoas e instituições. O produto desse trabalho intenso chega ao professor, certamente embebido de suas contradições, mas também pleno de intenções e de possibilidades de mudança das aulas de ciências no ensino fundamental.

A produção de conhecimento na elaboração didática

Nesse processo de negociação entre áreas de conhecimentos, profissionais, universidades, instituições, construímos diferentes tipos de saberes. Para nós, educadores, essa construção se deu no confronto de nossas idéias científicas e pedagógicas, na produção dos textos para compor o material – em tempos e espaços mínimos para o nosso "gosto", no processo de ceder tempo e espaço para o outro, mas também garantir os nossos.

Construímos também conhecimentos concretizados no material impresso e *on-line* produzido, como resultado dos processos de seleção e recontextualização dos conhecimentos científicos e pedagógicos. Entendemos aqui – fundamentados nos trabalhos de autores que discutem os processos de transformação dos saberes científicos em saberes escolares – que a elaboração do material produzido é fruto de adaptações, simplificações, reelaborações, introduções de dispositivos intermediários que dão aos saberes científicos acumulados a possibilidade de serem socializados e compreendidos pelos indivíduos. Desse modo, na elaboração de unidades didáticas, são produzidos novos saberes que constituem parte do que autores vêm caracterizando como uma epistemologia escolar (LOPES, 2001; ROVIRA; SANMARTI, 1998; ASTOLFI; DEVELAY, 1991), diferenciada daquela própria da Ciência.

Estas novas produções podem ser identificadas em vários momentos: i) na escolha de conteúdos inovadores para o currículo do ensino fundamental de ciências – como os tópicos referentes à discussão sobre padrões e adaptações dos seres vivos e à relação entre a produção e utilização dos materiais e o fluxo de energia e matéria; ii) na forma de articular os conceitos, buscando unidades em torno de eixos como o fazer científico, as discussões sobre *ciência & tecnologia & sociedade & ambiente* ou a importância de considerar as *concepções espontâneas* dos alunos no processo de ensino aprendizagem; iii) na ênfase dada a questões e abordagens nem sempre presentes nos materiais dedicados às séries iniciais, como o caso da história da ciência e da técnica e das sugestões de modalidades didáticas como estudo de meio e atividades extraclasse. Exemplos dessas novas produções podem ser notados ainda no desenvolvimento dos temas: meio físico, biodiversidade e homem e ambiente. Neles, conteúdos relacionados às propriedades e usos dos materiais de nosso cotidiano foram desenvolvidos de forma a articular conceitos básicos de física, química e biologia como matéria, energia e suas transformações, trabalho, mas também fotossíntese, respiração e diversidade biológica. Buscou-se, nesses casos, incentivar a reflexão sobre os diversos problemas que afetam nossas vidas e a tomada de decisões bem informadas e fundamentadas sobre tais problemas, tanto para satisfazer a necessidade de aprender, como para exercer plenamente a cidadania.

Uma das discussões mais significativas que ajuda a compreender esse processo de produção se deu em torno do conceito de *biosfera*. Trata-se de um termo muito utilizado no ensino fundamental e médio, encontrado na grande maioria dos materiais didáticos disponíveis e aparentemente fácil de ser trabalhado pelos professores de ciências. Pelo menos era assim que pensávamos até então. No encontro dedicado a este tema, verificamos os desafios para uma conceitualização que fosse, ao mesmo tempo, correta, atual, concisa e esclarecedora. Muitos adjetivos para um conceito científico que, como pudemos constatar, não é tão consensual como nos parecia até aquele momento.

Partimos de uma definição: *Biosfera – todas as partes da terra onde existe alguma forma de vida, desde um ser microscópico até os grandes animais e vegetais. A biosfera é ocupada de forma contínua, pois mesmo nos desertos quentes ou frios ou nas profundezas dos oceanos, há vida*. Logo surgiram as dúvidas: a biosfera é parte da Terra? É algo concreto, possível de ser localizado? Ela é contínua ou espacialmente irregular, já que existem locais onde não há vida? Ela inclui somente os seres vivos ou as relações destes entre si e com o ambiente físico também estariam contempladas no conceito de biosfera? Que conceito difícil!!!

Bem, chegamos a um consenso, mas que expressa, na verdade o possível: aquilo que pudemos apurar, aquilo que nos tranqüilizava como correto – mesmo que temporariamente –, aquilo que poderia auxiliar o professor. Biosfera, para nós, seria *o conjunto das formas de vida, desde os seres microscópicos até os grandes animais e vegetais que envolvem o planeta. A biosfera é ocupada de forma contínua, pois mesmo nos desertos quentes ou frios ou nas profundezas dos oceanos há vida. O termo biosfera contém a idéia das relações entre todas as partes do mundo vivo.*

Dentre as novas produções, outros tipos de saberes também foram elaborados, por exemplo, no que se refere à necessidade de conhecer o processo "técnico" de produção de materiais didáticos impressos e eletrônicos. Não sem tensão, foi durante a experiência de construção do material que o aprendizado sobre edição, diagramação, relação imagem/texto, pesquisa editorial, impressão, direitos autorais, entre outros, se deu. Com a equipe de produção ampliada em seus aspectos "técnicos", novas negociações se dão, para além daquelas relativas puramente aos aspectos científicos e pedagógicos.

Negociações possíveis? Para responder esta questão, nada melhor do que o próprio material. Nele aparece o produto deste trabalho coletivo, fruto das histórias vividas pelo grupo durante o tempo rico de convivência e aprendizagens. Fruto esse fundamentado na crença e na esperança sempre presente de produzir algo diferente, inovador, que pudesse realmente ajudar o professor de ciências do ensino fundamental.

REFERÊNCIAS

LOPES, A. Organização do conhecimento escolar: analisando a disciplinaridade e a integração. In: **Linguagens, espaços e tempos no ensinar e aprender.** Rio de Janeiro: DP&A, 2000. p. 147-162.

ROVIRA, M. P. G.; SANMARTI, N. Lãs bases de orientactión: un instrumento para enseñar a pensar teoricamente en biologia. In: **Alambique** - didáctica de lãs ciências experimentales, n.16. p. 8-20, abr., 1998.

ASTOLFI, Jean-Pierre; DEVELAY, Michel. **A didática das ciências.** Campinas: Papirus, 1990.

UM NOVO ESPAÇO PARA PESQUISAS SOBRE ENSINO E APRENDIZAGEM DE LÍNGUA MATERNA: O PEC - FORMAÇÃO UNIVERSITÁRIA

Idméa Semeguini-Siqueira
Co-elaboradora do material de Língua Portuguesa

INTRODUÇÃO

A Faculdade de Educação da Universidade de São Paulo (Feusp), ao aceitar o convite da Secretaria de Estado da Educação de São Paulo (SEE-SP) para participar da formação universitária de mais de 6 mil professores das séries iniciais do ensino fundamental, lançou inúmeros desafios à comunidade acadêmica. Abriu possibilidades de interação universidade-escola e acolheu a oportunidade de colaborar para a melhoria do ensino público.

Ao ser convidada para participar dessa formação, configurada no Programa Educação Continuada/Formação Universitária, aceitei de imediato, pois vislumbrei um imenso campo de pesquisa concernente ao ensino e à aprendizagem de oralidade-leitura-escrita.

Como docente que participa da formação de professores de língua materna desde 1972, atuando, portanto, há 32 anos no ensino superior, estou convicta de que as competências do professor na gestão da sala de aula abrangem dois papéis que, atualmente, possuem pesos equivalentes. Como gestor do clima relacional que se constrói na sala de aula, o professor é o responsável pelas relações interpessoais - professor-aluno e aluno-aluno - ou seja, pela interação, pelo clima/tecido relacional que constitui o suporte em que as práticas pedagógicas acontecerão (BIARNÈS, 1999; SEMEGHINI-SIQUEIRA; BIARNÈS, 2004). Atualmente, em função de problemas relacionados a interesse/motivação, atenção/concentração, violências conscientes/não-conscientes e indisciplina na sala de aula, o bom desempenho do professor nesse primeiro papel é condição necessária para que ocorra uma eficiente gestão do processo de ensino e aprendizagem. Nesse segundo papel, é imprescindível que o professor se conscientize da importância de inserir, no processo educacional, a avaliação diagnóstica e formativa da produção oral e escrita da diversidade de alunos de uma sala de aula X. Desse modo, as práticas pedagógicas de oralidade-leitura-escrita, fundamentadas numa concepção sociointeracional da linguagem, poderão ser planejadas para os alunos "reais" (SEMEGHINI-SIQUEIRA, 1998, 2000, 2002, 2004).

Neste texto, referente à minha participação no PEC - Formação Universitária, somente o segundo papel-gestor do processo de ensino e aprendizagem será focalizado. O primeiro foi contemplado em módulos específicos do curso.

Devo ressaltar que diálogos provenientes de diversos relatos/contextos subsidiaram minha participação no Grupo de Trabalho que elaborou o material impresso para o PEC – Formação Universitária em 2002/2003, na CENP.

Um desses contextos é o do Grupo DiCLiME (USP 0301-Pl. Lattes), o – "**Diversidade Cultural, Linguagem, Mídia e Educação**" que coordeno na Feusp, desde 1999, constituído por ex-alunos dos cursos de Pedagogia e de Licenciatura, por orientandos de Iniciação Científica, Mestrado e Doutorado. Este grupo, logo que a profª Marieta apresentou essa proposta de formação de professores, aceitou envolver-se, produzindo pesquisas neste novo espaço. Dessa forma, nosso grupo[1] pôde participar de diversas atividades que foram concebidas para viabilizar o PEC.

Foram tão enriquecedoras essas vivências/experiências, tanto nas novas mídias quanto na interação com os(as) alunos(as)-professores(as), que se torna difícil fazer uma síntese no restrito espaço de que dispomos. Neste livro sobre a memória do PEC - Formação Universitária, há um depoimento da professora-tutora Márcia Feitosa, em que são focalizados alguns ângulos do trabalho realizado.

Outra atividade de que participei intensamente foram as videoconferências. É preciso dizer que, no PEC, espaço e tempo entre a elaboração dos materiais impressos e as videoconferências era mínimo. A adaptação à nova mídia teve de acontecer após breves explicações da equipe técnica sobre a parte operacional. E o tamanho das letras para a confecção das transparências? Como decidir sobre o tempo destinado a apresentar o conteúdo por meio das transparências e o tempo de aparecer no vídeo, ou melhor, de estarmos presentes na tela, interagindo com as alunas-professoras dos quatro pólos? Nas salas de aula dos CEFAMs, um único vídeo podia ser utilizado pelo videoconferencista, assim, ora ele aparecia na tela ora apresentava o material referente à exposição. No decorrer de nossa atuação, começamos a imaginar que esta mídia poderia ser otimizada se o videoconferencista pudesse ter disponível um segundo vídeo para apresentação exclusiva de seu material. Para o videoconferencista, tal recurso facilitaria a interação com esta nova tecnologia e, provavelmente, a presença ininterrupta do professor na tela possibilitaria maior concentração dos alunos. No futuro, em outro projeto, se o videoconferencista dispuser, no estúdio, de um circuito que lhe permita ver todos os pólos em panorama, ele poderá avaliar o grau de interesse dos ouvintes a cada instante. Minha participação em algumas videoconferências possibilitou que os diálogos com os outros colegas que atuariam nos estúdios, em vídeos posteriores, fossem pertinentes e os orientassem nas atividades.

Neste projeto, pude também participar da formação dos professores-tutores. Tratava-se de uma preocupação da Feusp preparar professores para essa função.

[1] Produção de materiais impressos, Videoconferência e Teleconferência: Idméa Semeghini-Siqueira; Videoconferências: Nágila Silva-Polido e Marcus Rinaldi Tonelli; *Learning Space*/Professor Assistente: Pérsio Nakamoto; Tutoria/Professoras-Tutoras: Adriana Seris, Fátima M. de Oliveira, Gema Galgani Rodrigues Bezerra, Márcia Soares de Araújo Feitosa, Tatiana Guazzelli

Fui convidada a realizar uma "Oficina de Leitura" para esse grupo. O artigo "Modos de ler textos impressos/eletrônicos, processos de compreensão e construção do conhecimento: implicações educacionais para todas as disciplinas" (SEMEGHINI-SIQUEIRA, 2003) possibilitou um diálogo inicial sobre a atuação dos professores-tutores no PEC - Formação Universitária.

O terceiro contexto de minha participação no PEC decorreu dos diálogos com duas professoras-tutoras, minhas orientandas de mestrado, que desenvolveram suas dissertações[2] com sujeitos, alunos–professores, que participavam do PEC - Formação Universitária.

Durante três anos, antes – durante - depois do PEC, em função dessas dissertações, nossas reflexões estiveram centradas em dois momentos do ensino e aprendizagem de oralidade–leitura-escrita. A primeira privilegiou os processos de letramento emergente e de alfabetização e, a segunda, o desenvolvimento das habilidades de uso da modalidade escrita da língua, em que o processo de reescrita é intensificado, ou seja, o momento em que as atividades epilingüísticas passam a desempenhar um papel importante e sobrepondo-se às tradicionais atividades de "gramática escolar/normativa".

De acordo com o lingüista Carlos Franchi (1991, p. 36):

> *Chamamos de atividade epilingüística a essa prática que opera sobre a própria linguagem, compara expressões, transforma-as, experimenta novos modos de construção canônicos ou não, brinca com a linguagem, investe as formas lingüísticas de novas significações.*

Vale dizer que o exercício mais representativo desse tipo de atividade é a reescrita/reelaboração de produções escritas.

No decorrer dessas vivências e desses diálogos, participei ainda da elaboração de materiais didáticos para diferentes módulos deste inovador curso de formação de professores. A elaboração dos materiais impressos propiciou uma forma produtiva de interlocução entre os representantes das três universidades – USP, Unesp, PUC-SP – e membros da Equipe de Apoio às Universidades. O Grupo de Trabalho que produziu os materiais para o módulo de Língua Portuguesa não se manteve estável. Os professores das universidades se alternavam em função de tópicos específicos, concernentes aos seus interesses de pesquisa. Havia colegas graduados em Pedagogia, Psicologia, Sociologia, Filosofia, mas a maioria dos representantes das universidades e da Equipe de Apoio era constituída por lingüistas que atuavam na formação de professores que lecionam a partir de 5ª série do EF (em cursos de Letras ou de Licenciatura).

[2] GUAZZELLI, Tatiana. **Desvelo e reconstrução de concepções referentes aos processos de letramento emergente e alfabetização**: reflexões a partir de uma experiência de formação de professores. 2004. Dissertação (Mestrado) – Faculdade de Educação, Universidade de São Paulo, São Paulo, 2004.

BEZERRA, Gema Galgani R. **Contribuição às reflexões sobre práticas de ensino de gramática e formação de professores de 1ª a 4ª séries**: atividades epilingüísticas em foco. 2004. Dissertação (Mestrado) – Faculdade de Educação, Universidade de São Paulo, São Paulo, 2004.

Foi uma experiência de interação acadêmica desafiadora, de inestimável riqueza; o único senão era o tempo que nos oprimia. Tínhamos de caminhar em direção a um consenso em um curto espaço de tempo. Houve momentos em que os debates tornaram-se acalorados. Acredito que, na maioria das vezes, chegamos a um consenso. Em outros, prevaleceu a voz daquele que dispunha de mais tempo para produzir/concluir o tópico em questão. Minha discordância maior esteve circunscrita a tópicos do tema "análise lingüística", em que não houve a devida ênfase nas "atividades epilingüísticas", e o maior lamento foi dirigido ao restrito espaço reservado para a Literatura Infantil. Os maiores índices de consenso foram atingidos nos momentos em que foram discutidas questões pertinentes à concepção sociointeracional da linguagem (BAKTHIN, 1981, 1992; VYGOTSKY, 1984, 1987), às atividades direcionadas/voltadas ao conceito de gênero do discurso e às propostas envolvendo as seqüências didáticas. O saldo foi extremamente positivo.

O material em questão teve como ponto de partida os Parâmetros Curriculares Nacionais, mas avançou no sentido de aliar a teoria à prática, por meio de uma arquitetura inovadora, ou seja, uma concepção hipertextual de construção de conhecimento. Ora os alunos-professores participavam de oficinas, ora assistiam a videoconferências ou discutiam módulos teóricos, ora realizavam vivências educadoras, pertinentes ao ensino e aprendizagem de oralidade, leitura e escrita.

Devo ressaltar que a proposta de Formação do Professor para trabalhar com Língua Materna, contida no PEC - Formação Universitária, poderá subsidiar planejamentos de formação inicial e contínua para todo o ensino fundamental, uma vez que o objetivo principal era formar um profissional para atuar no ensino e aprendizagem de oralidade–leitura-escrita.

Uma vez que o material elaborado para o PEC, referente à Língua Portuguesa, contém elementos significativos para pesquisa, mas não foi editado para ser comercializado, acredito que deveria ser reeditado e enviado a bibliotecas de universidades de todo o país, além de estar disponível em livrarias.

Tendo em vista que este livro sobre o PEC será acessível a um maior número de leitores de diferentes Estados do Brasil e com o intuito de disseminar informações, relaciono no anexo os principais itens que compõem a arquitetura da proposta e que, portanto, viabilizaram o desenvolvimento de competências e habilidades dos alunos-professores para trabalhar oralidade–leitura-escrita com crianças.

Com relação à sinopse, apresentada em anexo, o uso da expressão "Língua Portuguesa" especificada no TEMA 4 resultou da necessidade de aproximar a "grade" do PEC da grade curricular vigente nos cursos de Pedagogia. Na leitura do esquema, verifica-se facilmente que todos esses itens constituem um "módulo/

bloco" voltado ao ensino e aprendizagem de LÍNGUA MATERNA. Dessa forma, além do tempo destinado à "Língua Portuguesa" na grade curricular, outras modalidades de atividades transversais aos módulos forneceram elementos para alavancar a formação do professor, potencializando uma atuação mais competente com vistas ao desenvolvimento das habilidades lingüísticas dos alunos. Assim, as Memórias/os Relatos Autobiográficos, as Vivências Educadoras e as Oficinas Culturais possibilitaram uma ampliação significativa do tempo, na universidade, para uma imersão na linguagem, de modo a permitir uma construção de conhecimentos lingüísticos fundamentais no planejamento de aulas que considere a diversidade de alunos "reais" presentes em cada sala.

Concomitantemente à produção do material impresso, pude entrar em contato com os alunos-professores por meio de diversas videoconferências e da teleconferência sobre Literatura. Foi imprescindível, também, a interação com as professoras-tutoras do Grupo de Pesquisa DiCLiME para que eu pudesse ter argumentos consistentes nos debates com o Grupo de Trabalho na Cenp.

Ficou muito evidente que o "TEMA 4 Língua Portuguesa" era o mais esperado pelos alunos-professores. Havia grande ansiedade em se discutir as práticas de oralidade–leitura-escrita. No início, alguns itens de textos de autores "pesados" assustaram as turmas, em particular o conceito de signo. Entretanto, as relações entre as modalidades oral e escrita da língua, a concepção de linguagem como discurso que pressupunha um interlocutor, o foco nos gêneros do discurso e nas seqüências didáticas deram sentido às propostas, possibilitaram que compreendessem a importância de valorizar a interação e a necessidade de um interlocutor, de modo a estabelecer uma articulação entre teoria e prática.

Ao perceber que letramento é um processo mais amplo e que a alfabetização é parte dele, puderam compreender a importância do ambiente, do contexto sócioeconômico-cultural em que estão inseridos os alunos e a relevância de intensificar as atividades de oralidade e de leitura. Foi possível constatar que os alunos-professores passaram a "respeitar" o conhecimento prévio dos alunos e a premência de se partir dele, ou seja, de se conscientizar do grau de letramento emergente dos alunos para a realização de atividades relacionadas à alfabetização.

Tanto os textos como os debates sobre "Variação Lingüística e Preconceito Lingüístico" empolgaram os alunos-professores. Segundo eles, esse tópico possibilitou momentos de reflexões, "de uma visão diferente, muito mais aberta e democrática sobre nossa língua". Certamente, esse tema provocou transformações, mudanças de atitude.

No que tange aos tópicos de "análise lingüística", a complexidade dos conceitos apresentados – que pressupunham conhecimentos prévios básicos (inexistentes/ausentes) dos alunos-professores – aliada a um tempo restrito para discuti-los, apontaram inadequações ou equívocos na elaboração da proposta em questão. Segundo uma aluna-professora: "Não sei o que é morfológico, semântico, pragmático, sintático e não está me fazendo falta. Se um dia tiver que reconhecer isso nos textos dos meus alunos, considero-me uma criatura perdida".

Com relação às Vivências Educadoras, em que deveriam ocorrer as transposições didáticas, espaço privilegiado para uma articulação entre teoria e prática, o tempo foi escasso para análises críticas. O tempo restrito destinado às oficinas culturais também foi objeto de reclamações, principalmente porque as primeiras vieram ao encontro dos interesses dos alunos-professores, tendo sido recebidas com muito entusiasmo. A solicitação de um maior número dessas oficinas foi muito significativa. Vale ressaltar, ainda, a escrita das Memórias, responsável por mudanças efetivas nas posturas/atitudes dos professores. A dissertação de mestrado de Tatiana Guazzelli é um registro autêntico/vivo destas transformações.

Após a conclusão deste Programa de Formação Universitária, algumas alunas-professoras têm mantido/mantiveram contato com as professoras tutoras. Apesar de todos os problemas percebidos durante o curso (excesso de leituras, de atividades e de cobranças...), elogiaram a qualidade do material e relataram oportunidades de releitura e de trocas com outros colegas da escola que não participaram do curso. Na dissertação de Gema Galgani Rodrigues Bezerra, há um estudo de caso realizado no ano subseqüente ao término do curso, 2003, que consistiu em acompanhar e relatar aspectos da prática de uma de suas alunas-professoras do PEC. Em momentos oportunos, no decorrer do PEC, Gema Galgani foi introduzindo elementos para que seus alunos-professores pudessem trabalhar com atividades epilingüísticas. Na interação pós-curso, houve mais tempo para que a teoria fosse discutida e colocada em prática.

CONSIDERAÇÕES FINAIS

O termo "tempo", neste texto, esteve presente tanto no relato sobre a produção do material quanto no da sua recepção pelas alunas. A aceleração do tempo no final do século 20 e no início do 21 é tema presente em inúmeros contextos. Neste projeto, trabalhamos com o tempo possível tanto no espaço de elaboração de materiais quanto no espaço da recepção. Sem nenhuma dúvida, todos nós que participamos deste projeto acreditamos que a balança pendeu para o lado positivo.

As professoras-tutoras com as quais interagi ampliaram seus conhecimentos e estiveram mergulhadas em um imenso campo de pesquisa por um tempo inimaginável fora deste projeto. Temos, também, inúmeros depoimentos de transformações significativas nas concepções dos alunos-professores, nesta imersão propiciada por um curso universitário que recorreu a diversas mídias.

É necessário ressaltar ainda que, no módulo de Língua Portuguesa, o foco se restringiu ao papel do professor como gestor do processo de ensino e aprendizagem, uma vez que em uma série de outros módulos foi discutida a outra face da moeda, concernente à formação do professor enquanto gestor do clima relacional que se constrói na sala de aula.

Se um dos pontos básicos para melhorar a qualidade da educação no Brasil é o investimento na formação inicial/contínua de professores, esse projeto que foi organizado para alavancar a construção de conhecimentos de mais de 6 mil professores PEB-I da rede pública do Estado de São Paulo, concernentes ao ensino e aprendizagem de oralidade–leitura-escrita, atingiu a maioria dos objetivos propostos.

Para finalizar, poderia dizer que, em função dos diálogos com meu Grupo de Pesquisa e com o Grupo de Trabalho das três universidades - USP, UNESP, PUC-SP - e a Equipe de Apoio às Universidades da Cenp, minha convicção da necessidade de mudanças na formação do professor de língua materna para o ensino fundamental - como um todo - foi intensificada/amplificada. Temos de encontrar com urgência outros espaços de pesquisa para que as novas perspectivas vislumbradas se concretizem.

REFERÊNCIAS

BAKHTIN, M. **Marxismo e filosofia da linguagem.** São Paulo: Hucitec, l981.

BAKHTIN, M. **Estética da criação verbal.** São Paulo: Martins Fontes, 1992.

BIARNÈS, J. **Universalité, diversité, sujet dans l'espace pédagogique.** Paris: L'Harmattan, 1999.

FRANCHI, C. **Criatividade e gramática.** São Paulo: SEE/CENP, 1991.

SEMEGHINI-SIQUEIRA, I. O peso das práticas educativas de gramática, redação e leitura para alunos do ensino fundamental em Língua Portuguesa: um estudo exploratório a partir da década de 50 no Brasil. In: Congresso Luso-Brasileiro de História da Educação, 2, 1998, São Paulo. Anais... São Paulo: FEUSP, 1998.

SEMEGHINI-SIQUEIRA, I. Práticas pedagógicas vivenciadas no passado, a formação docente e a atuação do professor de Língua Portuguesa concernente ao ensino fundamental no Brasil. In: Congresso Luso-Brasileiro de História da Educação: leitura e escrita, 3, 2000, Lisboa. Anais... Lisboa: Universidade de Lisboa, 2000.

SEMEGHINI-SIQUEIRA, I. Questions de littéracie émergente-alphabétisation-littéracie indiquent de nouvelles voies pour la nécessaire refonte de la didactique de la langue maternelle au Brésil. In: COLLOQUE: LA LITTÉRACIE: LE RÔLE DE L'ÉCOLE, 2000, Grenoble. *Annales...* Grenoble: IUFM Académie de Grenoble, 2002.

SEMEGHINI-SIQUEIRA, I. Modos de ler textos impressos/eletrônicos, processos de compreensão e construção do conhecimento: implicações educacionais para todas as disciplinas. São Paulo: Feusp, 2003. Encaminhado para publicação.

SEMEGHINI-SIQUEIRA, I. Atividades de oralidade, leitura e escrita significativas: a construção de minidicionários por crianças com a mediação de professores. In: CATANI, D.; VICENTIM, P. **Formação e autoformação**: saberes e práticas nas experiências dos professores. São Paulo: FAFE/FEUSP, 2004. No prelo.

SEMEGHINI-SIQUEIRA, I.; BIARNÈS, J. **La violence consciente et non-consciente dans les interactions langagières enseignants/élèves et élèves/élèves en classe.** São Paulo: FEUSP, 2004. Em elaboração.

VYGOTSKY, L. S. **A formação social da mente.**
São Paulo: Martins Fontes, 1984.

VYGOTSKY, L. S. **Pensamento e linguagem.**
São Paulo: Martins Fontes, 1987.

ANEXO

Módulo 2, Tema 4: LÍNGUA PORTUGUESA

4.1 Introdução: Linguagem, interação social e cidadania

- As diferentes linguagens e a especificidade da linguagem verbal;
- Diferentes concepções de língua e linguagem;
- O processo enunciativo: o discurso e suas condições de produção;
- Variação lingüística e preconceito lingüístico;
- Variedade padrão e a prática pedagógica;
- Linguagem, escrita, poder e letramento;
- Diferentes concepções sobre oral e escrita e suas relações;
- Os gêneros do discurso.

4.2 Letramento e Alfabetização

- As dimensões políticas da alfabetização;
- Alfabetização e letramento;
- Concepções de alfabetização e suas decorrências metodológicas:
  - Concepções sobre a escrita e sua construção: escrita como código de transcrição ou sistema de representação;
- Alfabetização como prática discursiva;
- Os materiais de alfabetização: pressupostos teórico-metodológicos subjacentes.

4.3 Ensino-aprendizagem de Língua Portuguesa

- Práticas de linguagem (compreensão e produção de textos orais e escritos e análise lingüística) e gêneros do discurso;
- O trabalho com gêneros do discurso;
- Dos documentos oficiais à prática de sala de aula;
- Implicações didáticas para o ensino de língua:
  - A organização curricular;
  - O projeto educativo, a definição de objetivos, a escolha e a seqüenciação de conteúdos de ensino;
  - Transposição didática;
  - Metodologia e tratamento didático dos conteúdos;

- Avaliação;
- Análises de atividades, programações e projetos de trabalho;
- Critérios de escolha e procedimentos de uso de materiais didáticos.

Módulo: VIVÊNCIAS EDUCADORAS

- "Alfabetização" [contendo cinco momentos para a realização de atividades com crianças]
- "Ensino-aprendizagem" [cinco momentos voltados para as seqüências didáticas]

Módulo: OFICINAS CULTURAIS

LEITURA.

- OFICINA 1. Histórias de encontros

Momento 1. Histórias pessoais de leitura

Momento 2. Entrando em contato com a experiência leitora de outros leitores

Momento 3. Recuperando caminhos de leitura

O QUE É CULTURA?

- OFICINA 2. Diversidade Cultural

LINGUAGEM

- OFICINA 3. A palavra na cultura letrada

Momento 1. O poder da palavra

- OFICINA 4. Lendo e produzindo textos acadêmicos

Momento 1. Estudando o contexto de produção de textos

Momento 2. Lendo e produzindo artigos de opinião

Momento 3. Lendo e produzindo relatórios de trabalho de pesquisa

Momento 4. Lendo artigos expositivos

- OFICINA 5. Produção de textos
- OFICINA 6. LITERATURA

Momento 1. A literatura na escola

Momento 2. Encontro lúdico da criança com a literatura na escola: ambientes acolhedores e instigantes

Momento 3. Fundamentos da linguagem poética

A MATEMÁTICA NA FORMAÇÃO DO PROFESSOR: A ELABORAÇÃO DE RECURSOS DIDÁTICOS

Vinício de Macedo Santos
Co-elaborador do material de Matemática

1. Introdução

Participar de um projeto de formação inicial ou continuada de professores tem para mim o sentido de pôr em questão e debater pontos relativos aos fundamentos teóricos e práticos dessa formação. Significa corresponder a interesses e expectativas daqueles que querem se tornar ou daqueles que querem continuar sendo professores.

Os processos de formação do professor que ensina ou ensinará Matemática visam a promover o acesso e a reflexão desse professor ou futuro professor sobre um conhecimento de referência; neste caso, o didático-matemático que os municie de ferramentas conceituais e procedimentais necessárias nas tomadas de decisões diante das questões da sua prática.

Fazer parte de uma equipe com a atribuição de formular a proposta pedagógica de Matemática para o PEC[1] e o material didático para veiculá-la, significou expor, debater, contrapor concepções e experiências de formação, e negociar significados de modo a formular uma proposta coletiva. Significou, enfim, aplicar conhecimentos da nossa experiência como professores e pesquisadores da universidade e gerar outros, nesse processo.

Neste texto, são abordados alguns dos principais aspectos abrangidos nas diferentes etapas do trabalho dessa equipe e feitas considerações sobre minha participação nesse projeto.

2. A equipe de elaboração e os papéis dos seus integrantes

A equipe responsável pela elaboração da proposta e do material didático, bem como pelo desenvolvimento das diferentes atividades relacionadas a esse tema, foi constituída de representantes das universidades parceiras do convênio firmado: USP, Unesp e PUC-SP e de representantes da Secretaria de Educação do Estado de São Paulo.

Essa composição permitiu expressar os papéis desempenhados pelos representantes institucionais naquela etapa de desenvolvimento do PEC. A nós representantes das universidades, cabia trazer, para as discussões da equipe, o

[1] Tema 5 do Módulo 2 cujo desenvolvimento foi previsto para o último semestre do curso, no período entre a última semana do mês de julho e a primeira semana do mês de setembro de 2003.

conhecimento especializado, a experiência e o compromisso com a qualidade de cada instituição acadêmica, no campo da formação profissional do professor das séries iniciais do Ensino Fundamental, elementos que entendíamos ter orientado a entrada e permanência da universidade no convênio. Aos representantes da Secretaria de Educação do Estado de São Paulo cabia a coordenação dos trabalhos, a adequação das decisões e orientações à sua compreensão do projeto, a atenção aos aspectos operacionais ajustando as ações da equipe ao cronograma estabelecido e ao andamento das demais atividades do projeto.

As atribuições principais dessa equipe foram: a) a definição de princípios orientadores e estruturadores da proposta pedagógica de Matemática coerentes com as diretrizes gerais do projeto; b) a elaboração do material impresso para o aluno e do material impresso contendo orientações para os tutores; c) elaboração das provas e gabaritos, roteiros, supervisão; d) coordenação das teleconferências; e) adequação das atividades ao formato e cronograma do curso. Os representantes de universidades dessa equipe assumiram, nas suas instituições de origem, a coordenação e operacionalização das videoconferências o que significou constituir equipes de professores e fazer parte delas, para ministrar tais videoconferências, com o auxílio do material impresso. No caso da Faculdade de Educação, que atendia 12 grupos de professores, foi necessário realizar 120 videoconferências para abordar os dez temas definidos nas seis unidades do material impresso.

3. O módulo de Matemática

As questões iniciais para a equipe de elaboração da Proposta Pedagógica de Matemática eram:

- como realizar a formação docente de qualidade em um projeto com características diferentes dos projetos de formação inicial e continuada já consagrados com os quais, cada um dos integrantes da equipe estava acostumado?
- por ser o material impresso o meio principal de veiculação da proposta pedagógica de formação, quais características deveria ter?

Tratava-se de pensar qual conteúdo e qual abordagem se encaixariam num formato de projeto cujas características eram: aulas por meio de videoconferências; teleconferências eventuais; *Learning Space*; vivências diversas que requereriam pesquisas, reflexões e sínteses expostas em sessões de estudos individuais ou assistidas por tutores não-especialistas da área ou em sessões de estudos orientadas a distância por professores assistentes, também não-especialistas da área. Tudo isso a ser desenvolvido em cinco semanas.

Como eram essas as características e condições do projeto, a equipe optou por considerar o desenvolvimento do Tema 5 como uma oportunidade para problematizar pontos - chave da prática do professor-aluno de modo que o encorajasse a fazer reflexões e a buscar um salto de qualidade na sua formação. Teríamos a favor do desenvolvimento da proposta o fato de que os alunos já trabalhavam como professores, o que permitiria maior aproximação entre sua prática e os aspectos teóricos tratados no curso.

Entendíamos que há muitas maneiras de a Matemática estar presente na formação dos professores do Ensino Fundamental e que há uma grande quantidade de informações e questões diretamente relacionadas à formação e ao trabalho desses professores, como os currículos, os programas e as experiências que vêm sendo desenvolvidos nesse campo o atestam. São informações e questões relacionadas aos conhecimentos matemáticos e às finalidades do seu ensino, aos métodos e meios materiais utilizados na sua abordagem, às aproximações entre saber matemático e saber em outras disciplinas e questões relacionadas com a aplicação desse conhecimento no dia-a-dia.

Consciente das condições em que íamos atuar e da impossibilidade de incluir todas as questões freqüentemente tratadas em um curso regular ou todas aquelas que emergem da vivência dos professores, a equipe selecionou seis eixos temáticos relevantes, cada um correspondendo a uma unidade do módulo de Matemática. A unidade consistiu de um bloco que compreendeu a abordagem do tema em questão sugerindo atividades de diferentes naturezas para os alunos: leitura de textos, pesquisas com alunos, pesquisa bibliográfica, reflexões sobre sua prática, sínteses, análise de situações de ensino propostas, rememorações sobre sua experiência como aluno ou como professor, etc.

Coerente com essa orientação também foi discutida a proposta da Vivência Educadora 4 prevista para o Tema de Matemática. A Vivência Educadora foi entendida como atividade em que a investigação e produção do conhecimento são valorizadas como dimensões indispensáveis do processo de formação do professor.

Nossas concepções e propostas para o módulo de Matemática foram sistematizadas nos eixos temáticos ou unidades que ficaram assim definidos:

- **Delineando o cenário...**

Esta unidade teve um caráter introdutório para as demais na medida em que se problematizaram alguns pontos gerais relacionados com a prática de ensinar Matemática. Abordou-se o papel desempenhado pela Matemática no currículo do Ensino Fundamental, em particular nos anos iniciais, tomando como base as discussões apresentadas nos diferentes documentos oficiais das duas últimas décadas e a análise de sua influência na atuação dos professores. As reflexões propostas orientavam-se para explicitar competências a serem desenvolvidas pelos alunos e sua utilização como critérios para seleção de conteúdos.

- **Conhecimentos prévios, hipóteses e erros**

O aspecto principal considerado nesta unidade disse respeito aos conhecimentos prévios dos alunos construídos dentro e fora do ambiente escolar, e às hipóteses que eles são capazes de formular a respeito de conceitos e procedimentos matemáticos. A reflexão nesse sentido foi proposta a partir da análise de pesquisas realizadas sobre a construção do número natural e de escritas numéricas pelos alunos comparando os resultados de tais pesquisas com as próprias experiências e observações dos professores em suas salas de aula. Foram valorizadas as tentativas, as estratégias pessoais e a lógica utilizada por alunos para encontrar solução de situações-problema reconhecendo-se, nos seus erros, importantes fontes para elaboração de propostas adequadas de trabalho com o tema em questão.

- **Contextualização, resolução de problemas e construção de significados**

Tomou-se como eixo organizador desta unidade a reflexão sobre a resolução de problemas como perspectiva articuladora do ensino de Matemática; a importância da abordagem de noções matemáticas a partir de contextos significativos para os alunos. Tal discussão é extremamente relevante para o professor quando são questionadas as formas de ensino centradas na segmentação e encadeamento linear dos conteúdos matemáticos que resultam sem significado para os alunos. Esses aspectos são estudados a partir de pesquisas sobre o ensino das operações e a partir da análise de propostas de trabalho realizadas com a finalidade de provocar a construção de significados das operações, o desenvolvimento das habilidades de cálculo mental, escrito, estimativo com utilização de diferentes recursos didáticos, entre eles o da calculadora.

- **Demandas dos novos tempos**

Nesta unidade, foram tratados temas como Tratamento da Informação e uso de novas tecnologias nas aulas de Matemática incorporados nos currículos elaborados mais recentemente. Tais temas permitem uma relação de proximidade entre o ensino de Matemática e necessidades dos cidadãos na sociedade atual. Por isso, foram discutidas possibilidades de trabalho com noções de estatística e probabilidade; tratamento de dados, leitura, interpretação e construção de tabelas e gráficos; o uso de calculadoras, computadores e mídias como recursos didáticos.

- **Valorizando diferentes competências matemáticas: experimentar, conjeturar, representar, relacionar, comunicar, argumentar, validar...**

Nesta unidade, procurou-se deslocar a discussão para a necessidade de se valorizarem outras competências matemáticas, tão importantes quanto as competências numéricas. A Geometria, o amplo conjunto de noções e diferentes tipos de atividades foram tomados como tema de reflexão pela sua relevância no ensino de Matemática das séries iniciais do Ensino Fundamental oferecendo oportunidades ao aluno para experimentar, fazer conjeturas, relações e representações, argumentar, etc. Além disso, é um tema que favorece a discussão sobre a relação entre conhecimento matemático, natureza e arte.

- **Conexões entre Matemática e cotidiano e entre diferentes temas matemáticos**

A presença da Matemática no nosso cotidiano, a relação entre diferentes temas matemáticos e entre a Matemática e outras áreas do conhecimento são as principais preocupações do professor. Procurou-se, ao serem abordadas tais conexões, evitar aproximações forçadas e sugerir que a proposta pudesse ser feita a partir de diferentes conteúdos. Nessa unidade, escolheu-se o tema Grandezas e Medidas para realizá-la.

O foco principal desses eixos foi o potencial de cada um em orientar a atenção do aluno-professor para diferentes aspectos do seu interesse: objetivos do ensino de Matemática, conteúdo, abordagem metodológica, materiais didáticos, trabalho em grupo, relação professor x aluno, interdisciplinaridade, dificuldades de aprendizagem, avaliação, etc.) Evitou-se, dessa maneira, centrar a organização do módulo nos blocos de conteúdos de Matemática (números, operações, medidas, geometria, estatística, etc.) tradicionalmente propostos nos currículos das séries iniciais e ensinados aos alunos. Esses conteúdos foram abordados na unidade, como recurso para ilustrar e dar significado à discussão proposta. A atenção, porém, em cada unidade, recaiu sobre diferentes pontos da organização curricular com ênfase aos aspectos metodológicos e didáticos, de modo que o conjunto das unidades possibilitou percorrer conteúdos, temáticas do trabalho pedagógico do professor quando ensina Matemática nas séries iniciais.

Desse modo, pretendíamos que cada unidade realizasse uma função pedagógica e auto-instrutiva permitindo ao aluno do curso estender a abordagem feita de um determinado conteúdo e/ou contexto para outras situações, conteúdos matemáticos e/ou contextos durante o curso ou, posteriormente a ele, orientado por diferentes critérios.

Para a **Vivência Educadora** fez-se uma proposta que correspondeu a uma versão do estágio previsto nos cursos regulares de formação inicial de professores. O trabalho principal era o planejamento e desenvolvimento de uma pesquisa em uma escola que representaria uma oportunidade para o aluno retomar muitas das vivências e questões discutidas no decorrer do curso, aprofundando a relação entre teoria e prática. Tal pesquisa consistiu no acompanhamento, por um certo período, do andamento de um projeto pedagógico observando, analisando e tecendo considerações sobre diferentes aspectos desse projeto realizado na escola: aspectos gerais relativos à gestão escolar e aspectos relativos ao trabalho pedagógico realizado na escola com a Matemática. Como resultado desse processo foi elaborado, pelo aluno-professor, um relatório contendo suas análises e considerações.

Uma vez definidos a orientação geral e os temas das diferentes unidades, adotou-se como sistemática de trabalho do grupo reuniões semanais para discutir a estrutura e teor de cada uma das unidades e atribuir aos representantes das três universidades a responsabilidade de adiantar e coordenar a elaboração da unidade, selecionando atividades, elaborando ou encomendando textos relativos ao tema. Em cada reunião coletiva avaliava-se e se discutia cada unidade que passava por reelaborações sucessivas até sua conclusão.

Embora nem sempre houvesse concordância relativamente aos aspectos discutidos, raramente se chegou a situações de impasse no andamento dos trabalhos. Pode-se dizer que, no processo de tomadas de decisão pela equipe, as divergências foram discutidas com tranqüilidade ao ponto em que a tomada de decisão fosse a mais razoável possível.

4. Algumas considerações sobre a experiência de fazer parte da equipe de elaboração de material didático do PEC

O convite para ingresso na equipe de elaboração do material de Matemática é simultânea ao meu ingresso na Faculdade de Educação, em abril de 2002. Nesse período, o projeto já estava no seu segundo ano de desenvolvimento, portanto, as universidades já haviam decidido pela sua participação e já tinham definido o perfil da formação docente que gostariam de imprimir ao PEC. Acredito que cada Universidade condicionou sua participação à possibilidade de pôr em prática uma proposta coerente com os seus objetivos e concepções no campo da formação de professores. Evidentemente, cada fase do programa requer que esses princípios e concepções estejam representados nas diferentes ações. Nesses momentos, surgem dúvidas que remetem a questionamentos sobre o potencial e eficácia dessa via de formação de professores. O processo de elaboração do material didático de Matemática não transcorreu de maneira isenta de tais questionamentos uma vez que, na fase inicial de elaboração, a maior parte da equipe não teve contato direto com os professores. Dispúnhamos, sim, de informações gerais fornecidas por pesquisas feitas durante o desenvolvimento dos módulos, e de dados mais precisos obtidos a partir do acompanhamento feito em cada universidade, do andamento do projeto e do aproveitamento dos alunos nas fases já cumpridas.

A experiência e participação dos integrantes da equipe com a formação de professores foi o principal fator que contribuiu para se chegar ao padrão de material que pudesse interessar ao professor-aluno e promover seu interesse e atuação nas questões e atividades propostas. Um exame das variadas modalidades de cursos oferecidos para formação inicial ou continuada de professores em que fizemos parte, permitiu-nos ter uma noção de que são poucos aqueles que tem um resultado satisfatório, principalmente no que se refere à formação continuada. Por isso, é compreensível o fato de que um projeto de formação dessa natureza seja cercado de dúvidas. São dúvidas relativas aos meios de comunicação e formas de interação escolhidos, à falta de contato direto com especialistas de áreas; ao modo de validar os processos de reflexão dos alunos, etc. A elaboração do material, além de explicitar tais questões, procuraria respondê-las, na medida do possível, de modo que atenue as desconfianças por elas suscitadas. Como é raro encontrar materiais didáticos adequados e bem elaborados, mesmo em cursos de formação presenciais, tornava-se maior o desafio da equipe para produzir algo que preenchesse tantos requisitos.

Minha experiência como professor, acostumado à formação de professores, evidenciava o fato de que a eficiência de qualquer modalidade de formação está menos na sua forma e duração e mais na sua capacidade de problematizar as questões vividas pelo professor e promover sua reflexão sobre a prática. Além disso, tem sido possível constatar que há contingentes expressivos de professores resistentes a participar de qualquer curso que não lhes ofereça possibilidades imediatas de ajuda no seu trabalho na sala de aula e, muito menos, daqueles que, além de não proporcionarem isso, são desenvolvidos aos sábados. Pelas características, esse curso do PEC representava uma oportunidade em que muitos cuidados poderiam e deveriam ser tomados ao mesmo tempo em que apresentavam condições favoráveis (maior parte das atividades realizadas durante a semana, opção de dedicação exclusiva ao curso, simultaneidade entre formação inicial e continuada, oferecimento de certificado de nível superior, etc.) que incentivavam o professor a participar.

Durante o desenvolvimento das unidades do Tema 5, as videoconferências foram o principal momento de interação com os alunos-professores em que se faziam as atividades e se discutiam os textos apresentados no material impresso. Em avaliação realizada ao final do módulo pode-se ter um retorno do que representou o conjunto de atividades propostas e o material didático elaborado. A principal crítica referia-se ao pouco tempo reservado para abordar muitos temas, mas, no geral, os alunos reconheceram a importância do material, seja no sentido de trazer questões capazes de interessá-los do início ao fim do módulo, seja pela pertinência tanto no que diz respeito ao conteúdo quanto à abordagem. De fato, da perspectiva de quem participou da elaboração do material e de parte das atividades em que os professores o utilizavam e discutiam as propostas nele apresentadas, o aproveitamento poderia ter sido maior se fosse dispensado mais tempo para os estudos.

Pelos depoimentos, foi possível constatar ainda que o projeto teve um resultado positivo para uma parte do professorado, pois, em outras condições, muitos desses professores dificilmente se animariam a participar de qualquer experiência de formação.

Concluída a elaboração e aplicação do material de Matemática do PEC torna-se possível avaliar esse processo como oportunidade para trazer a experiência com formação de professores, praticada regularmente na Universidade, para outros contextos. Também é possível concluir que a experiência com essa modalidade não convencional de formação docente teve implicações positivas na prática de formação com a qual estou envolvido na Faculdade de Educação, particularmente no que se refere às possibilidades oferecidas pelos recursos tecnológicos utilizados.

A ELABORAÇÃO DOS RECURSOS DIDÁTICOS: O CASO DO GT 9

Marcos Garcia Neira
Orientador – Diadema, turma B Tarde

A dimensão pedagógica do uso de recursos didáticos nas práticas educativas tem sido pouco focalizada pelas pesquisas na área educacional. Acrescenta-se a esse relativo descaso uma postura preconceituosa no tratamento do tema. Todos conhecem as críticas aos sistemas apostilados, às experiências do tipo "cursos a distância" ou às demais iniciativas não presenciais. A experiência com o PEC estadual mostrou que a crença na aparente contradição entre modalidade de educação a distância e a efetivação de uma aprendizagem significativa é, antes de tudo, preconceito fundamentado em comportamentos elitistas daqueles que ainda defendem exclusivamente um Ensino Superior aos moldes das universidades medievais.

Todos os envolvidos no processo educativo, principalmente os alunos, reconhecem a importância real que os materiais de apoio assumem no desenvolvimento das atividades de ensino eficazes: um olhar para as salas de aula, mesmo ligeiro, permitirá constatar que esses recursos chegam a configurar, e muitas vezes, a determinar pré-condições de sucesso dos alunos, desencadeando a verdadeira aprendizagem. Tal aspecto permite constatar que os materiais utilizados poderão significar, muitas vezes, a diferença entre o aprender e o não aprender.

No caso do Programa de Educação Continuada para Formação Universitária – PEC, os recursos utilizados foram essenciais para o sucesso da proposta metodológica, já que o desenvolvimento dos conteúdos encontrava-se articulado ao uso dos recursos de tal forma que dificilmente seria possível fazer algo diferente do que fora sugerido pelo Grupo de Trabalho – GT ou alheio aos sentidos com os quais foram planejados. Tal articulação proposital era absolutamente necessária para garantir "um tempo próximo" de aprendizagem a todos os pólos. Pelas características do programa, pelo seu cronograma rígido visando a um total aproveitamento dos recursos (desde a disponibilidade de salas de aula nos pólos até o tempo para o uso do satélite para as transmissões das teleconferências) e pelas condições nas quais se dava o ensino, tornava impossível o gerenciamento autônomo do processo por cada tutor.

Esse fenômeno não é novidade educacional; várias pesquisas (SOARES, 1996; BATISTA, 2001)[1] destacam a freqüência com que os professores organizam sua prática tomando como eixo os recursos disponíveis. Ocorre que diante da abrangência do programa (4.800 alunos-professores) cabe uma análise mais atenta do uso dos recursos, evitando julgamentos estereotipados que não contribuem para o aprimoramento e renovação de experiências de formação de professores.

[1] SOARES, Magda Becker. Um olhar sobre o livro didático. In: **Presença pedagógica.** v. 2, n. 12, nov./dez., 1996, p. 52-64.
BATISTA, A. A. Os professores são leitores? In: SILVA, C. S. R.; MARINHO, M. (Org.) **Leituras do professor.** Campinas: Mercado de Letras, 2001.

Sobre esse aspecto, ao longo do século 20 e, no caso brasileiro, sobretudo na última década, os diferentes movimentos progressistas questionaram o papel de destaque que os recursos de ensino recebem durante as aulas. Seguidamente se manifestaram de forma radical contra seu uso, até o ponto em que ainda hoje se escutam críticas ou desclassificações generalizadas a qualquer material que encaminhe o professor na sua ação.

Entretanto, quando se analisa a prática pedagógica, verifica-se que em todos os casos algum recurso estruturado sempre está em uso: um guia curricular no momento do planejamento, uma atividade retirada de uma apostila, a fundamentação em uma determinada proposta, a recomendação de uma leitura, etc. Por esse raciocínio é possível compreender que existem recursos que concebem a aprendizagem de forma unidirecional viabilizada pela memorização de conteúdos sem o oferecimento de idéias diversas; que reproduzem valores contaminados de preconceitos; que postulam seus conhecimentos de forma dogmática; que não oferecem toda informação necessária para proporcionar comparações; que fomentam a atitude passiva perante o conhecimento; que impedem uma aproximação com a realidade, etc.

Apesar de consistentes, estas críticas não supõem a inexistência de recursos de natureza diferenciada dos materiais convencionais. Tal qual as propostas metodológicas, desqualificações gerais nesse campo são de total insensatez. Uma vez que a complexidade da tarefa educativa exige dispor de uma ampla gama de instrumentos e recursos que favoreçam a tarefa de ensinar, serão necessários materiais que estejam a serviço das propostas didáticas e não o contrário; que não suplantem a dimensão criativa dos professores, mas que a incentivem. Nesse sentido, como a proposição educativa do Grupo de Trabalho foi além da concepção seletiva e propedêutica, os recursos elaborados não se limitaram a um entendimento de ensino apostilado ou o que pode ser pior ainda, manualizado.

Conforme Zabala (1998)[2], o objetivo não deve ser a busca de um livro-texto alternativo, mas a avaliação de uma resposta global, configurada por diferentes recursos, cada um dos quais, abarcando algumas funções específicas. Isto implica fazer uma análise das necessidades específicas dos diferentes tipos de conteúdos de aprendizagem e combiná-los com as possibilidades que oferecem os diferentes materiais tencionando disponibilizar alguns instrumentos que possibilitem avaliar o que existe e de algumas referências que orientem a elaboração de novas propostas.

A tarefa de ensinar envolve ter presente uma quantidade enorme de variáveis, entre elas as que indicam as necessidades particulares de cada temática e de selecionar as atividades e os meios que cada uma deles necessitava. No caso

[2] ZABALA, Antoni. **A prática educativa.** Porto Alegre: Artmed, 1998.

do PEC, é razoável pensar, ainda, que foram criados recursos originais e adequados para o desenvolvimento do programa e para cada uma das unidades didáticas.

Entretanto, o fato de os materiais serem os mesmos para todos os pólos e terem sido elaborados por uma equipe de especialistas não significou a dependência total, nem tampouco a incapacidade de reorganizar os momentos de ensino a fim de proporcionar aprendizagens individualizadas. Cada pólo contava com um professor-tutor e com um professor-orientador que, certamente, souberam desenvolver suas tarefas com autonomia, respeitando e promovendo o crescimento dos seus alunos.

Nesse sentido, os recursos de ensino utilizados no PEC foram elaborados a partir do seu Projeto Pedagógico por grupos de trabalho duplamente orientados: pela coordenação das universidades e pelas equipes de apoio do programa. Tal procedimento permitiu a consonância entre os objetivos, o processo de ensino, a seleção de conteúdos, a elaboração das diversas atividades e a avaliação da aprendizagem.

Cada grupo de trabalho responsabilizou-se pela elaboração de materiais de apoio às leituras, atividades programadas, Vivências Educadoras, roteiros para orientação dos videoconferencistas e teleconferencistas, elaboração das avaliações, roteiros para as Memórias e atividades para o *Learning Space*. De acordo com Zabala (1998)[3] foram considerados recursos didáticos todos os instrumentos que proporcionaram ao educador referências ou critérios para tomada de decisões, tanto no planejamento como na intervenção direta na aula e em sua avaliação. Assim, pois, foram incluídos todos os meios que ajudaram os professores-tutores, orientadores e assistentes a responder aos problemas concretos que as diferentes fases de planejamento, execução e avaliação lhes apresentaram.

Nesse sentido, os recursos empregados podem ser classificados segundo o seu âmbito de intervenção, o que permite observar a existência de materiais que se referiram a aspectos muito gerais relacionados com todo o sistema educativo (a Lei de Diretrizes e Bases da Educação Nacional, por exemplo); outros que disseram respeito a decisões no âmbito geral da proposta (Projeto Pedagógico do PEC); outros que se situaram no âmbito das atividades presenciais (videoconferências e teleconferências, por exemplo) ou não presenciais (textos para leitura) e, finalmente, outros que orientaram o trabalho dos diversos educadores participantes (tutor, assistente e orientador).

A intencionalidade ou função que tiveram os recursos didáticos permitiu distinguir materiais com diferentes finalidades: orientar, guiar, exemplificar, ilustrar, propor, divulgar. Nesse sentido, foram indicados livros ou artigos para aprofundamento das temáticas contempladas no Material Impresso que, especialmente elaborado para o programa, ofereceu orientações determinadas que constituíram o suporte central das atividades.

[3] Id., Ibid.

A pretensão globalizadora e integradora dos conteúdos e das sugestões de condução das atividades permitiu em alguns momentos abarcar conceitos de diferentes disciplinas (Educação Física, Psicologia, Sociologia) e, em outros, um enfoque claramente disciplinar. Também foram propostos conteúdos estritamente procedimentais: quadro de planejamento de atividades ou questionários e roteiros de observação dos vídeos transmitidos nas videoconferências, atividades motoras realizadas nos pólos e conceituais, como os textos oferecidos para leitura e as teleconferências ou para conteúdos atitudinais: as propostas de intervenção local da Vivência Educadora.

Quanto ao suporte, vale destacar a riqueza editorial e ilustrativa do material impresso, a biblioteca de apoio nos CEFAMs que adquiriu a maior parte dos livros sugeridos pelos Grupos de Trabalho, os vídeos e demais recursos de multimídia com especial destaque para o *Learning Space*.

A especificidade deste texto limitará a reflexão sobre os recursos elaborados pelo Grupo de Trabalho 9 que tratou do tema: Corpo, Movimento, Sexualidade e Saúde.

O processo de elaboração das unidades temáticas

As atividades para cada etapa do trabalho foram desenvolvidas a partir do conhecimento da realidade dos alunos–professores, reconhecida por meio do opinionário elaborado no início do Programa. Cada grupo de trabalho, constituído por docentes da USP, Unesp e PUC-SP, pesquisadores do cotidiano escolar em suas respectivas áreas de conhecimento, teve como preocupação central a realidade dos alunos-professores, a formação pretendida e as peculiaridades do programa e assumiu a responsabilidade de selecionar dentre o universo de saberes de cada área, os conteúdos que compuseram a linha pedagógica a ser adotada em todas as atividades desenvolvidas pelos educandos.

Procurando atender às diretrizes do Projeto Básico do Programa PEC - Formação Universitária, os trabalhos do GT 9 nortearam-se pelas referências constantes no seu Projeto Pedagógico, a saber:

a) a articulação da formação dos professores à adequada provisão de recursos pedagógicos, de infra-estrutura tecnológica e a busca da integração com a comunidade.

Sobre este aspecto, convém destacar o estudo da comunidade na qual a escola onde atuava o aluno-professor estava inserida como o principal fundamento da proposição da Vivência Educadora, quando cada educando investigou e registrou com fotos e depoimentos algumas manifestações da cultura corporal de movimento encontradas na localidade e seus protagonistas.

Por outro lado, a elaboração de atividades para o *Learning Space* visou estimular os alunos a realizar pesquisas na *Internet* selecionando, discriminando e organizando-se diante de uma grande quantidade de informações disponíveis. Esse procedimento extrapolou a utilização do equipamento apenas para digitar e imprimir textos (forma de utilização do equipamento mais conhecida pelos educandos antes do início do programa).

b) o exercício da docência escolar como a referência da organização pedagógica do programa de formação de professores.

Ao considerarmos tal referência para a seleção dos conteúdos de ensino e para a elaboração das atividades, videoconferências e teleconferência, buscou-se contemplar a variedade das situações escolares nas quais os alunos-professores realizam seu trabalho. Dessa forma, por exemplo, a sexualidade foi abordada considerando as diferentes populações que interagiriam com os conhecimentos: a escolha dos textos, a utilização de exemplos do cotidiano escolar e a sugestão de filmes para serem assistidos em sala de aula foram exaustivamente debatidos a fim de analisar todas as perspectivas possíveis, esgotando as possibilidades de questionamentos por parte dos alunos-professores.

No mesmo sentido, a tendência revelada muitas vezes ao se adotar uma concepção de Educação Física na formação de professores exclusivamente como experiência prática sem envolver o professor na condução pedagógica das atividades foi superada por meio de conteúdos que fundamentavam não somente a cultura motora para as séries iniciais do Ensino Fundamental, como também a estruturação de um programa de ensino coerente com o projeto pedagógico da escola.

c) os professores como agentes fundamentais na implementação da política educacional da Secretaria Estadual da Educação de São Paulo.

A linha pedagógica que permeou todo o programa convergiu para a reforma educacional em curso no país. Os trabalhos realizados pelo GT 9, por exemplo, contribuíram para o esclarecimento, sensibilização e mobilização dos professores na garantia dos aspectos centrais dessa política, especialmente nas suas decorrências e implicações no centro do processo educativo.

Assim, temáticas como a construção do projeto pedagógico, a elaboração de um currículo no qual os conteúdos são um meio para a produção das aprendizagens dos alunos, práticas avaliativas voltadas para a regulação da aprendizagem, progressão continuada, classes de aceleração, constituem-se em saberes imprescindíveis à formação dos professores que atuam na SEE/SP.

d) os Parâmetros Curriculares Nacionais tomados como referência na formação do professor polivalente.

Na medida em que a docência escolar é o eixo estruturador do currículo deste programa, considerou-se que o estudo aprofundado dos conteúdos curriculares desenvolvidos no ciclo inicial do ensino fundamental deveria receber a devida atenção nas discussões do grupo.

Destaca-se aí o estudo aprofundado dos Parâmetros Curriculares Nacionais, posto que compõem uma sólida referência ao debate curricular disseminada na comunidade educacional e foram considerados na perspectiva de favorecer aos alunos-professores a necessária reflexão sobre sua prática pedagógica no contexto do projeto educativo escolar.

e) coerência entre a formação do professor e a prática de atuação que dele se espera considerada na elaboração das atividades desenvolvidas durante o programa.

As atividades de ensino e aprendizagem buscaram, sobretudo, a problematização da prática docente dos alunos-professores. Como já apontam as Diretrizes para a formação inicial de professores:

> *[...] a preparação do professor tem uma peculiaridade muito especial: ele aprende a profissão no lugar similar àquele em que vai atuar, porém numa situação invertida. Isso implica que deve haver coerência absoluta entre o que se faz na formação e o que se espera como profissional.*[4]

Assim, as discussões no Grupo de Trabalho foram pautadas pelos seguintes cuidados: a contextualização da aprendizagem, garantindo o contato efetivo com a realidade do professor; o papel central do tratamento a ser dado aos conteúdos, garantindo a inclusão da dimensão conceitual, atitudinal e procedimental e a ênfase em processos de avaliação que possibilitassem o reconhecimento dos próprios métodos de pensar, desenvolvendo capacidades de auto-regular a própria aprendizagem.

f) domínio dos objetos sociais do conhecimento e sua transposição didática como prioritários.

Isso implicou a elaboração e proposição de atividades de ensino que possibilitassem aos alunos-professores novas experiências nas quais puderam conhecer com profundidade e transformar os saberes socialmente construídos recolocando-os como objetos de aprendizagem escolar.

Essa profundidade em relação aos conhecimentos relativos às áreas curriculares é algo indispensável, dado que o domínio desses objetos é necessário para que o profes-

[4] Brasil. MEC. **Proposta de diretrizes para a formação inicial de professores para a educação básica, em cursos de nível superior**. Brasília: MEC, 2000, p. 38.

sor possa pensar com mais autonomia em diferentes possibilidades de planejar e orientar sua prática. Tal ênfase, e a forma pela qual ela se concretizou na proposta curricular do programa, foi uma das características distintivas do PEC estadual.

Como indica a proposta de diretrizes para a formação inicial de professores (Brasil, 2000):

> *Multidisciplinar ou especialista, aquilo que o professor precisa saber para ensinar não é equivalente ao que seu aluno vai aprender: são conhecimentos de nível superior, no sentido de serem mais amplos do que os que se constroem até o ensino médio, tanto no que se refere à profundidade quanto ao grau de elaboração do saber. Portanto, além dos conteúdos definidos para as diferentes etapas da escolaridade nas quais o futuro professor atuará, sua formação deve ir além desses conteúdos, incluindo conhecimentos necessariamente a eles articulados, que compõem um campo de ampliação e aprofundamento da área.*[5]

Isso se justifica porque a compreensão do processo de aprendizagem dos conteúdos pelos alunos da educação básica e uma transposição didática adequada dependem do domínio desses conhecimentos. Sem isso, fica impossível construir situações didáticas que problematizem os conhecimentos prévios com os quais, a cada momento, as crianças se aproximam dos conteúdos escolares, desafiando-as a novas aprendizagens, que permitirão a construção de saberes cada vez mais complexos e abrangentes.

Os saberes tratados no currículo não são os mesmos das ciências nas quais se baseiam, mas também não são totalmente distintos. Tanto o currículo de formação de professores, quanto o da escola de Ensino Fundamental, operam uma transposição didática, segundo a expressão utilizada por Chevallard (1997)[6], ou seja, ocorre a transformação da cultura em objeto de ensino e de aprendizagem escolar. Por esta razão, a identificação e seleção dos saberes que constituem o currículo de formação foram pautadas pela sua relevância para a prática docente, mantendo permanentemente vinculação com ela.

Assim sendo, ocorreram, na verdade, três tipos de transformação: a dos conhecimentos científicos em conhecimentos escolarizados, no currículo escolar; a do currículo escolar - saber proposto - em saber ensinado ou currículo real, e, por fim, a do currículo real ensinado em aprendizagem real dos alunos. É nesse processo de articulação entre diversos saberes que se constrói um conhecimento menos fragmentado.

[5] Brasil. MEC. **Proposta de diretrizes para a formação inicial de professores para a educação básica, em cursos de nível superior.** Brasília: MEC, 2000, p. 38.

[6] CHEVALLARD, Y. A. **A transposição didática.** Porto Alegre: Artes Médicas, 1997.

g) a dimensão da pesquisa na formação do professor como garantia do desenvolvimento de uma postura de investigador que leve à reflexão sobre sua ação cotidiana.

As atividades elaboradas no GT possibilitaram aos professores a realização de situações e experiências de investigação tanto no que se refere à sua prática e aos resultados de ensino e aprendizagem quanto às características do seu aluno e do contexto social de atuação.

Visando a desenvolver as competências orientadas à investigação docente, foi proposta uma Vivência Educadora que permitiu no seu desenvolvimento o trabalho sobre alguns dos procedimentos utilizados em uma pesquisa pautada pelo método científico. Ou seja, registro de observações, realização de entrevistas e sistematização de informações mediante relatório, análise e comparação de dados, proposição de hipóteses e encaminhamento para a solução de problemas identificados.

A produção de conhecimento, a partir de um entendimento maior da realidade em que atua, fez com que o aluno-professor tivesse uma compreensão maior do próprio exercício da profissão por meio da análise de diferentes contextos, o que possibilitou a criação de estratégias de intervenção mais adequadas às situações de ensino e de aprendizagem vividas.

A partir daí foram vivenciados processos de descoberta pelos alunos-professores no tocante a novos referenciais advindos de teorias e informações das diferentes ciências relacionadas às áreas de conhecimento que compuseram o tema em questão: "Corpo, sexualidade e saúde".

Como se pode notar, o desenvolvimento de competências foi o eixo estruturador do currículo e o condutor dos trabalhos nos mais diversos momentos do programa. Entende-se, neste contexto, competência no sentido explicitado por Perrenoud (1998):

> *Uma competência é um saber-mobilizar. Trata-se não de uma técnica ou de mais um saber, mas de uma capacidade de mobilizar um conjunto de recursos – conhecimentos, know-how, esquemas de avaliação e de ação, ferramentas, atitudes –, a fim de enfrentar com eficácia situações complexas e inéditas.*[7]

Tomando como eixo esse conceito, o GT 9 assumiu que o ponto de partida e de chegada da formação é a atuação profissional do professor no contexto da instituição escolar, nos marcos de seu plano de desenvolvimento institucional, com destaque para o seu projeto pedagógico.

Por esse raciocínio, este grupo de trabalho bem como todos os outros nortearam suas discussões, trabalhos, elaboração do Material Impresso, roteiros

[7] PERRENOUD, Philippe. Formação contínua e obrigatoriedade de competências na profissão de professor. In: **Sistemas de avaliação educacional.** São Paulo: FDE, 1998. (Série idéias, n. 30).

das videoconferências, Vivências Educadoras e Teleconferências, considerando que a ação educativa deste programa tinha em vista a formação de professores de atuação multidisciplinar, que, por sua vez, coletivamente orientariam objetivos de formação dos seus alunos, selecionando conteúdos, organizando modalidades pedagógicas, abordando diferentes metodologias, criando espaços e tempos de vivência educacionais, avaliando constantemente e interagindo com cotidianos escolares em toda sua multiplicidade.

Sendo essa a especificidade do PEC, os Grupos de Trabalho buscaram o desenvolvimento pelos professores das seguintes competências:

- problematizar, explicitar e debater situações contextualizadas, num caráter integrador e transdisciplinar, focalizando o cotidiano, as crenças, as inovações, as rotinas, os estereótipos, as resistências, os pressupostos, as relações sociais, os projetos, assim como os conteúdos, os métodos e as técnicas;
- reconstruir a unidade e complexidade da própria experiência docente com suas implicações emocionais, intelectuais, relacionais, prospectivas e de valorização do conhecimento em construção;
- compartilhar a reflexão pessoal crítica em grupos de âmbitos diversos, inclusive comunidades em rede de conhecimento, possibilitando mudanças de práticas, atitudes e revisão de valores;
- participar de processos de investigação e intervenção com outros docentes e alunos utilizando métodos diversos;
- favorecer a pluralidade, ampliar a perspectiva e valorizar a diversidade para obter novos referenciais para trabalhar conceitos em contextos diversificados;
- ler, interpretar e atuar na sociedade, a partir dos sinais de mudança do mundo contemporâneo;
- orientar suas escolhas e decisões metodológicas e didáticas por princípios éticos, políticos e estéticos e por pressupostos epistemológicos coerentes;
- conhecer e dominar os conteúdos básicos relacionados às áreas de conhecimento, objetos de sua atividade docente, adequando-os às características dos alunos;
- compreender e atuar sobre os processos de ensinar, aprender e avaliar na escola e nas suas relações com os contextos mais amplos das instituições educacionais e socioculturais;

- organizar formas mais ativas, interessantes e significativas de aprendizagem, gerindo tempos e espaços, a partir do currículo, e utilizando adequada e criativamente os recursos e tecnologias disponíveis;
- solucionar problemas concretos da prática docente e da dinâmica escolar, contribuindo para a melhoria da qualidade da aprendizagem por parte dos alunos e da comunidade escolar em geral;
- desenvolver trabalho coletivo em interação com os alunos, pais, comunidade e outros profissionais da escola e fora desta;
- sistematizar e socializar a reflexão sobre a prática docente, assumindo o processo permanente de investigação e produção de conhecimento.

Como vimos, a pretensão inicial dos Grupos de Trabalho buscou no planejamento das atividades de ensino o desenvolvimento das competências acima referidas. Contudo, qualquer educador poderá reconhecer a veracidade da assertiva de Luckesi (2000)[8] quando expõe que o planejar é um vir a ser, uma pretensão, concretamente distante do fazer real da sala de aula.

Por isso mesmo, a existência ou não de determinados meios, o tipo e as características formais, ou o grau de flexibilidade da proposta foram determinantes nas decisões tomadas sobre o restante das variáveis metodológicas que nortearam os trabalhos nos 60 pólos: a organização grupal, por exemplo, foi de um tipo ou outro conforme a disponibilidade ou não de suficientes materiais ou computadores na sala de informática; as relações interativas em classe foram mais ou menos cooperativas conforme as características das atividades e dos alunos-professores; a seqüência dos conteúdos correspondeu à suposição da existência de conhecimentos prévios dos estudantes ou até mesmo de uma eficaz organização do professor-tutor; o uso do espaço para o material e do tempo de duração do tema foi condicionado pelos fatores estruturais do programa; a realização de reflexões em sala sobre imagens cinematográficas orientadas dependeu da disponibilidade do grupo ou compreensão do material utilizado, etc., poderíamos descrever um rol imenso de condicionantes.

Esse aspecto é altamente relevante para que seja possível compreender que nem sempre as seqüências didáticas surtiram os efeitos pretendidos pelo Grupo de Trabalho. Na verdade, adquiriram uma conotação particular em cada pólo conforme a disponibilidade do grupo, a atuação do tutor, a clara exposição do videoconferencista, a articulação dos debatedores na teleconferência e, impossível evitar, condições locais de transmissão e recepção das imagens e som, ambiente da sala de aula, ambiente do Cefam, situações específicas de coleta de dados em cada escola etc.

[8] LUCKESI, C. Carlos. O que é mesmo o ato de avaliar a aprendizagem? **Revista Pátio**, v. 3, n. 2, p. 6-11, fev./abr.,2000.

Em tom de finalização, cabe oferecer a seguinte comparação com a medicina: pode-se dizer que os profissionais que implementaram o Programa fizeram o bastante ao diagnosticar as necessidades individuais ou grupais, estabelecer o tratamento para cada aluno-professor ou cada grupo e levá-lo a cabo – e tudo isso com turmas de muitos alunos. Além disso, é difícil desempenhar a função de farmacêuticos, mas não dos atuais, que lidam com produtos acabados, trata-se daqueles de antigamente, que elaboravam as fórmulas quase artesanalmente. O que interessa é poder dispor de uma farmácia provida de medicamentos muito variados que permitam ir elaborando o "tratamento" de que cada aluno necessita.

O problema surge quando esta farmácia só oferece um único tipo de "tratamento completo", solidamente engarrafado em forma de um só manual com um questionário ao final de cada unidade negando a possibilidade de construir, através da combinação de diferentes produtos, propostas adequadas às necessidades do grupo em geral e de cada aluno em particular. Portanto, a questão não deve ser colocada em termos de "recursos sim, recursos não", mas em termos de "quais recursos e como utilizá-los".

V - A Atuação dos Profissionais nos Pólos

A ATUAÇÃO DO PROFESSOR-TUTOR NO PROGRAMA PEC - FORMAÇÃO UNIVERSITÁRIA

Desafios e conquistas

Márcia Soares de Araújo Feitosa
Tutora - Butantã, turma A tarde

As principais questões relacionadas à atuação do professor tutor, presentes durante todo o período de realização do curso PEC - Formação Universitária, desenvolvido entre julho de 2001 e dezembro de 2002, são o objeto central deste texto. Não temos como objetivo aprofundar uma reflexão sobre as questões didático-pedagógicas contempladas no processo, mas somente levantar alguns aspectos que permearam esta experiência inovadora, pela ótica de nosso trabalho enquanto professora-tutora. Pretendemos, também, ressaltar os desafios e conquistas por eles suscitados.

O Programa PEC-Formação Universitária

No ano de 1996, há marcos significativos na construção de novos rumos para a educação brasileira, em especial para a formação dos professores da educação básica. A Lei de Diretrizes e Bases de Educação Nacional (9.394/96) estabelece em seu artigo 62 que

> *[...] a formação de docentes para atuar na educação básica far-se-á em nível superior, em curso de licenciatura, de graduação plena, em universidades e institutos superiores de educação, admitida como formação mínima para o exercício do magistério da educação infantil e nas quatro séries iniciais do ensino fundamental, a oferecida em nível médio, na modalidade normal [...]*[1]

Além disso, institui, em suas disposições transitórias, a Década da Educação, a qual terminada "somente serão admitidos professores habilitados em nível superior ou formados por treinamento em serviço" (artigo 87, parágrafo 4º), e aponta, como uma das possibilidades, "a realização de programas de capacitação para todos os professores em exercício, utilizando também, para isso, os recursos de educação a distância" (artigo 87, parágrafo 3º, inciso III).

Diante das novas diretrizes, a Secretaria de Estado da Educação de São Paulo (SEE-SP) reuniu especialistas de três das maiores universidades brasileiras - USP, UNESP e PUC-SP - e desenvolveu um programa inovador, o PEC - Formação

[1] Brasil. Lei de Diretrizes e Bases da Educaçao Nacional. **Diário Oficial da União**, Brasília, 20 dez. 1996.

Universitária, a fim de oferecer graduação em nível superior aos docentes efetivos do primeiro ciclo do ensino fundamental da rede pública do Estado de São Paulo, cuja habilitação fosse apenas em nível médio. Para a concretização do projeto, a SEE buscou parcerias, integrando empresas, profissionais, especialistas, órgãos públicos em torno de um objetivo comum – a promoção da qualidade de ensino da rede pública.

Os objetivos específicos do curso, de acordo com o Projeto Básico do Programa eram:

> *[...] habilitar o contingente de professores PEB I efetivos, visando à melhoria de sua atuação na rede oficial de ensino estadual, no Ciclo I do ensino fundamental; possibilitar a experimentação e avaliação pela comunidade acadêmica paulista de uma proposta não convencional de formação de professores, mediante mídias interativas, organizadas e monitoradas pela Secretaria de Estado da Educação e Universidades e/ou Instituições de Ensino Superior Paulistas e ampliar as referências teórico-conceituais para uma melhor compreensão e descoberta de conteúdos e formas pedagógicas menos convencionais, possibilitando a produção e criação de opções mais significativas de aprendizagens dentro do coletivo das escolas, especialmente dos Centros Específicos de Formação e Aperfeiçoamento do Magistério (CEFAM), como parte de uma rede integrada de geração de conhecimento no Estado.*[2]

O programa tinha como proposta metodológica uma organização curricular inovadora, constituída de módulos temáticos subdivididos em temas e unidades e baseada em cinco atividades que se articulavam – videoconferências, teleconferências e os trabalhos monitorados *on-line*, *off-line* e suporte. Além disso, o curso era complementado com atividades pedagógicas que buscavam articular a teoria e a prática: as vivências educadoras e as oficinas culturais, cujo objetivo era desenvolver atividades que ampliassem o universo cultural do aluno-professor.

A equipe pedagógica responsável pelo desenvolvimento do programa era composta por coordenação acadêmica, docentes da universidade, professores assistentes, professores orientadores e professores tutores. A cada um desses diferentes atores comprometidos com o processo era atribuída um função específica.

[2] PEC – Formação universitária: **Projeto básico**. São Paulo: USP/UNESP/PUC-SP/SEE-SP, 2001. p. 12-13. Material não publicado.

Ao professor tutor, ou simplesmente tutor ou auxiliar de ensino, como foi denominado a princípio, cabia as seguintes tarefas, de acordo com o Projeto Básico do Programa: acompanhar todas as atividades do aluno de forma presencial (assistindo às videoconferências e teleconferências e supervisionando os TM) e encaminhar relatórios bimestrais da turma de quarenta alunos. Como perfil, bastaria ser graduado, selecionado pela universidade e/ou instituição de ensino superior, da qual deveria fazer parte durante o período de desenvolvimento do programa, conhecer os PCNs e, se possível, ter experiência de atuação na rede, no Ciclo I.

Apesar de apoiar-se nas mais avançadas tecnologias de informação e comunicação, é preciso ressaltar que o programa não dispensou a figura do professor presencial, o professor tutor, em todas as atividades, durante os seis dias de aula semanais, nos dezoito meses em que se desenvolveu o curso. Como veremos, essa atribuição foi um dos pontos que marcaram, de forma indiscutível, a atuação desse profissional.

Ingresso e primeiras expectativas

Depois de algum tempo atuando como professora de língua portuguesa no Projeto Jundiaí - Secretaria Municipal de Educação, Cultura e Esporte de Jundiaí (SMECE) em um curso voltado à Formação Continuada em Conteúdos Específicos na Fundação de Apoio à Faculdade de Educação (FAFE - USP), fomos convidadas a integrar a equipe do Programa PEC - Formação Universitária. Desde a época do Projeto Jundiaí, pertencíamos ao Grupo de Pesquisa "Diversidade Cultural, Linguagem, Mídia e Educação", (USP-0301 / Pl. Lattes, coordenado pela profª drª Idméa Semeghini-Siqueira) e, naquele momento, ir trabalhar como professora tutora representava não somente uma perspectiva de crescimento profissional, mas também uma possibilidade ampla de pesquisa na área a que estávamos filiadas.

Logo ao ingressar como professora tutora, no CEFAM Butantã - Pólo USP, em uma turma de quarenta alunos, percebemos que a atuação de professor presencial determinaria um relacionamento de maior comprometimento pessoal entre os alunos-professores e o professor tutor, diferente dos cursos convencionais de formação superior.

Carvalho (1995, p. 128), em uma pesquisa etnográfica realizada numa escola pública de 1º grau da rede estadual de São Paulo, em 1990, constata a permanência de dois modelos diferentes de prática docente historicamente construídos. O primeiro, o modelo de professora primária, que apresenta marcas de compromisso pessoal e o de professora de ginásio, caracterizado pela despersonalização das relações de trabalho.

Comentando os dois modelos, a autora considera:

> *[...] Essas diferenças entre os modelos de professora primária e de professora de ginásio podem ser explicadas pela diversidade na organização do trabalho nas séries iniciais (primário) e finais (ginásio): enquanto o trabalho típico da professora primária é o da professora de classe, que se relaciona o ano todo com uma única turma de crianças, o trabalho no ginásio se organiza por matérias, levando a professora a lidar com até algumas centenas de alunos de diversas séries e idades. O tempo, o espaço, os ritmos de trabalho e as possibilidades de autonomia e autocontrole são diferentes nessas duas formas de organização do trabalho [...]*[3]

Ao fazermos um paralelo entre as constatações de Carvalho (1995)[4] e a atuação do professsor tutor no PEC – Formação Universitária, pode-se perceber, claramente, que a organização do trabalho prevista pelo programa, permitindo um professor presencial, que se relacionasse durante os dezoito meses com a mesma turma, seis dias da semana (segunda a sábado), contribuiu para este comprometimento mais pessoal. Além disso, o espaço no qual nos situamos também determinou esta relação.

Apesar dos CEFAMs terem sido bem-preparados para receber os alunos-professores, constituíam-se num ambiente fora dos muros da Universidade de São Paulo, da qual os alunos-professores começavam a fazer parte. Dessa forma, o primeiro grande desafio do professor-tutor dependeu da habilidade em se criar um clima de respeito, cooperação e harmonia como forma de atingir uma dimensão de grupo, unido em torno de um objetivo comum – a formação. O diálogo, aliado a uma atitude de paciência e compreensão, constitui-se no cerne de nossa atuação.

Mídias interativas

No programa, foram utilizadas três modalidades de mídias interativas: as videoconferências, as teleconferências e as sessões de trabalho monitorado *on-line*, que subsidiaram os trabalhos monitorados *off-line* e suporte.

As videoconferências que eram ministradas por docentes mestres ou doutores, indicados pelas Universidades, ocorriam, normalmente, duas vezes por semana e duravam quatro horas. Essa tecnologia permitia a participação de cerca de cento e sessenta alunos, divididos em quatro turmas, que podiam interagir, ao vivo, com o professor docente e com outros colegas.

[3] Carvalho, Marilia Pinto de. Entre a casa e a escola: educadores de 1º grau na periferia de São Paulo. **Revista Brasileira de Estudos Pedagógicos**, Brasília, v. 76, n. 84, p. 407-444, set./dez., 1995

[4] Id. Ibid., 1995.

Essas aulas subdividiam-se em três partes. Na primeira, que durava cerca de uma hora e meia, os professores docentes apresentavam o embasamento teórico-conceitual do tema que estava sendo trabalhado. Na segunda parte, norteados por uma atividade, orientávamos discussões sobre o assunto, levantando questões, dúvidas que eram respondidas na última parte da videoconferência, na qual alguns alunos interagiam com o docente e com os demais grupos do circuito.

Não poderíamos deixar de citar a atitude de estranheza que esta mídia causou, no início, em muitos dos alunos-professores, que se recusavam a falar e/ou até ficar diante das câmaras. Este desafio, entretanto, permitiu importantes conquistas. Ao final do curso, uma boa parte deles interagia, respondia a questões, cantava e até recitava poemas.

As teleconferências, transmitidas por sinal digital de satélite a partir de um estúdio da TV Cultura, eram ministradas por especialistas convidados e indicados pelas universidades e pela SEE e acompanhadas simultaneamente por todos os alunos do PEC – Formação Universitária. Durante sua realização, procurávamos incentivar os alunos-professores que interagissem com os especialistas das diversas áreas por meio de fax, telefone ou *Internet*.

Nota-se que a utilização de mídias interativas viabilizou a relação entre o aluno-professor e o professor docente das universidades. Como sabemos, o uso de mídias interativas tem levantado questões quanto ao papel da interação presencial entre professores e alunos que, segundo alguns, poderia estar sendo negligenciada em favor de uma educação a distância.

Nessa perspectiva, podemos perceber a relevância do trabalho do professor tutor, pois assumimos o papel de facilitadores, co-mediadores no favorecimento da construção do conhecimento, estabelecendo vínculos imprescindíveis à relação professor-aluno num contexto de aprendizagem.

Trabalho monitorado *OFF-Line*

Nosso trabalho deu-se com professores que tinham uma ampla experiência docente, estando alguns próximos à aposentadoria, mas há muito haviam perdido o hábito do estudo e da leitura. Esse perfil, bem como, compreensível, de terem a visão do professor presencial como ministrador de aulas, constituiu-se em um desafio a ser superado, principalmente nos trabalhos monitorados *off-line*.

Nós professores tutores tínhamos um obstáculo pessoal a ser vencido, ou seja, conseguir visualizar o aluno-professor como centro do processo, atribuindo-lhe o papel ativo de construtor de seu próprio conhecimento, atitude nem sempre fácil diante de tantos embates.

Nos trabalhos monitorados *off-line*, que ocorriam duas ou três vezes por semana e tinham como objetivo aprofundar conteúdos trabalhados por meio das mídias interativas, coordenávamos a leitura e discussão dos textos impressos no material fornecido. Nessas atividades, percebíamos as dificuldades de leitura e compreensão de textos acadêmicos da maioria dos alunos-professores.

Diante dessa constatação, procurávamos estratégias de leitura que os auxiliassem na compreensão dos textos e na conseqüente construção do conhecimento. Nessa tarefa, a realização das oficinas culturais que abordavam diferentes usos da leitura e escrita foi de extrema importância.

À medida que o contato com os diferentes autores acontecia, a construção de suas habilidades leitoras era aperfeiçoada. Fato percebido pela forma como passaram a argumentar, inferir e estabelecer relações, não somente na fala, mas também na escrita.

Os trabalhos monitorados *off-line* proporcionaram espaços abertos à reflexão da prática pedagógica, por meio de discussões em grupo, partilha de experiências e de relatos de momentos de sucesso e fracasso. Nesse ambiente, confrontavam práticas e buscavam sentido para suas formas de agir e pensar.

Nesta perspectiva se situa Terzi (2000, p. 113) que apresenta o seguinte ponto de vista:

"Ambientes reflexivos despertam a curiosidade, instigando as confrontações e os questionamentos. Destinam às perguntas e aos problemas um lugar de aceitação e prestígio – condição essencial ao ato de aprender."[5]

Para a formação desse espaço propício à reflexão, o professor tutor exercia um papel fundamental, respeitando as diferentes vozes, mediando confrontos, incentivando as narrativas pessoais e procurando compreender os momentos de desabafos. Dessa forma, procurávamos garantir um dos aspectos que, segundo Nóvoa (2001)[6], é considerado fundamental no processo de formação de professores, o exercício da escuta e da palavra.

É importante ressaltarmos que esses momentos contribuíram, segundo o depoimento dos alunos-professores, para transformações pessoais e profissionais.

[5] TERZI, Cleide do Amaral. Para o professor eu tiro o chapéu. **Leonardo em Revista**, Vitória, v. 2, n. 2, p. 17-19, jan./jul. 2000.

[6] Fala de Antonio Nóvoa proferida na teleconferência "Trabalho docente: a formação do professor em face das demandas da atualidade". São Paulo, 14 de setembro de 2001.

De acordo com Aquino e Mussi (2001, p. 221), a reflexão

> *[...] é reafirmada por vários autores como a categoria essencial da formação docente: condição tida como capaz não só de transformar a prática pedagógica do professor e prepará-lo para atender às exigências que se colocam para sua profissão na atualidade, mas, sobretudo, como capaz de modificar a pessoa do professor, constituindo-o como sujeito autônomo no mundo[...]*[7]

Parceiros

Nesse trabalho desafiador, foi fundamental contar com o acompanhamento e apoio do Comitê Gestor do Programa, em especial, da coordenadora do PEC-USP, profª drª Marieta Nicolau Machado e da profª Maria Inês Coltri, além dos professores-orientadores, professores-assistentes e dos colegas professores tutores.

A comunicação entre esses diferentes atores envolvidos no programa possuía como aliado as mídias interativas, principalmente a *internet* e a ferramenta *Quick-Place*, meios pelos quais recebíamos orientações e comunicações e enviávamos relatórios e sugestões.

Apesar de também realizarmos reuniões presenciais periódicas para sanarmos dúvidas e falarmos do andamento das atividades, nota-se que o forte apoio das mídias não foi uma característica somente da metodologia do programa, mas esteve presente entre os educadores, mediando a interlocução, ajudando a garantir a qualidade, pela comunicação rápida e eficaz.

A vivência deste programa PEC – Formação Universitária – permitiu-nos, conseqüentemente, analisar diversas facetas da tecnologia a serviço da educação. Não como substituta do professor, mas como aliada.

Considerações finais

As reflexões realizadas, neste trabalho, procuraram pontuar somente alguns dos aspectos enredados na atuação do professor tutor no programa PEC – Formação Universitária. Buscamos, também, levantar os desafios e conquistas por eles suscitados.

Sabemos que muitos outros tópicos poderiam ter sido examinados, relativos ao tempo, à organização curricular, entre outras atividades realizadas. Estamos cientes de que um programa inovador como este permitirá muitas pesquisas e debates que servirão para o aperfeiçoamento de novos projetos de formação de professores e o conseqüente aprimoramento da qualidade do ensino em nosso país.

[7] AQUINO, Julio Groppa; MUSSI, Mônica Cristina. As vicissitudes da formação docente em serviço: a proposta reflexiva em debate. **Educação e Pesquisa**, São Paulo, v. 27, n. 2, p. 211-227, jul./dez., 2001. Disponível em: <http://www.scielo.br/scielo>

O PERCURSO DO PROFESSOR-ORIENTADOR NA CONSTRUÇÃO COLETIVA DO SABER

Isbela Gerth
Professora-orientadora

Formar-se não é instruir-se, é antes de mais, refletir, pensar numa experiência vívida (...) formar-se é aprender a construir uma distância em face da sua própria experiência de vida, é aprender a contá-la através de palavras, é ser capaz de conceptualizar.

Reny Heis, 1985

O objetivo desse texto é expressar as minhas reflexões sobre a experiência como professora - orientadora no Programa PEC - Formação Universitária.

Como doutoranda da USP e professora do ensino superior, preenchi os requisitos necessários para o desempenho da função. A isso veio se acrescentar minha história de vida: como professora normalista, lecionei por muitos anos para alunos dos sete aos nove anos, faixa da escolaridade com a qual hoje esses alunos-professores trabalham.

Meu trabalho foi acompanhar uma turma de alunos-professores no Centro Específico de Formação e Aperfeiçoamento do Magistério - CEFAM de Carapicuíba (SP), que estabeleceu desde o início um clima de cordialidade o que colaborou para estabelecer um ótimo relacionamento entre alunos-professores, tutores, orientadores, transformando uma possível sisudez em um ambiente prazeroso de se freqüentar.

Por meio de visitas periódicas ao CEFAM, onde meu grupo participava da parte presencial do curso, pude acompanhar o desenvolvimento de seus trabalhos na elaboração da monografia, nas vivências educadoras e nos diversos momentos do curso.

'Acompanhar' e 'avaliar' sistematicamente as ações realizadas, tendo como ponto de chegada nova proposta de trabalho, para melhoria da qualidade de ensino, era o objetivo de minha orientação.

A proposta pedagógica foi o fio condutor de todo esse trabalho. Nossa preocupação era analisar/refletir a prática desses alunos-mestres, sob o enfoque de um embasamento teórico correspondente.

O contato gradual e constante com esses professores foi-se tornando cada vez mais próximo e se instalou aí um clima de carinho mútuo. Não apenas com os alunos-professores, como também a interação com o tutor foi fundamental. O estreito contato com o tutor foi relevante para o nosso trabalho como professora-orientadora, pois, por meio desse contato, pudemos nos inteirar melhor do desenvolvimento dos alunos à medida que o tempo foi passando. Dessa forma, pode-se dizer que a cooperação entre tutor e professor orientador é uma configuração básica para se ter uma excelente relação de troca entre todos os atores desse curso.

Esse bom relacionamento foi por mim constatado também em relação à equipe central do PEC/USP. A distância física entre tutores, alunos-professores e a equipe de coordenação não prejudicou o vínculo afetivo entre eles. Ao longo das etapas do processo observei, por inúmeras vezes, a forma carinhosa com que se referiam à coordenação. Nas memórias, com freqüência, aflorou a forma terna e amiga desse relacionamento. A professora Marieta, coordenadora do PEC/USP, foi muitas vezes citada como orientadora. Julgo que essa coerência de atitude da coordenação e equipe é essencial para o sucesso de todo e qualquer projeto educacional.

A insegurança e o medo que se faziam presentes no início foram dando lugar à compreensão e ao respeito pelas diferenças contextuais e culturais, dando espaço a um local propício ao trabalho cooperativo. Concentramos, assim, os esforços para estimular esses professores para, de forma crítica e criativa, 'diagnosticar' os problemas vivenciados em seus locais de trabalho.

Uma vez elaborado o retrato 'branco-e-preto' de suas realidades, o passo seguinte foi 'priorizar' os problemas a serem enfrentados. Em seguida, 'propor' coletivamente as ações de intervenção para possíveis soluções dos problemas. Neste momento, a troca de experiência foi de grande valia, pois diferentes práticas foram levantadas, que poderiam ajudar a transformar o cotidiano da escola.

Nessa trajetória, prevista para alcançar nossos objetivos como professor orientador, que melhor nomearia como 'professor-pesquisador', alguns aspectos constituíam dimensões importantes.

Nesse aspecto, nosso trabalho girou em torno do tema 'Que escola é esta que necessitamos?', cujo grande ideal estava centrado nas mudanças necessárias 'nas' e 'pelas' escolas.

O processo de 'reestruturação pedagógica' propôs definir a escola e todo o trabalho docente.

Essas mudanças têm estreita relação com 'construção', com 'ações cooperativas e interativas', fazendo necessário que o próprio local de trabalho facilite esta situação com oportunidades de seus pares se enriquecerem na maneira de pensar e fazer, expondo, analisando, revendo criticamente o que se está fazendo.

As vivências educadoras foram meios para que isso ocorresse. As mudanças exigem novas formas de trabalho, novas atitudes, novas perspectivas e concepções educativas que terão de utilizar novos modelos de relação e trabalho cooperativo, modificando assim a escola.

Nosso trabalho como professora orientadora foi também contagiá-los com aquilo em que acreditamos. E assim, como diz Nóvoa (1995), eu "fui aprendendo a gostar dessa gente, ao mesmo tempo, tão desconfiados e tão crentes em relação à escola".

Outra dimensão do nosso trabalho foi a atitude em relação ao conhecimento. A construção coletiva e a relação teoria-prática foram aspectos nucleares na sua realização. A apreensão dos significados válidos foi construída, no dia-a-dia, e o critério de validade foi estabelecido por seus objetivos e estes, por sua vez, referenciados a um projeto pedagógico.

Foi preciso analisar os valores desse contexto para, aos poucos, definir a proposta de trabalho. Necessário também foi superar a noção dicotômica de teoria e prática para se ter a unidade do projeto pedagógico. Unidade indissolúvel, uma vez que elas se imbricam e uma contém a outra. Conhecendo a prática, trabalhando nela e com ela, tendo o significado das teorias e conceitos, o educador foi tendo mais poder sobre eles.

O educador é um ser cognitivo, afetivo e social; é uma totalidade, imerso em seu trabalho exercita o fazer, o pensar e o teorizar, pois não existe prática sem teoria. Cada educador faz teoria e prática e, ao perceber o que faz, pode educar o próprio desejo e fazer a mudança.

Muitas vezes, em nossos encontros, isso foi evidente. Ao relatarem as práticas, íamos evidenciando a teoria que estava por trás, associando ao que estavam analisando nos momentos presenciais. Esse trabalho foi tomando 'corpo' nas 'vivências educadoras': que eram espaços de transformação desses professores como investigadores e produtores de conhecimento sobre a própria prática.

Com essas articulações, esses alunos-mestres foram desenvolvendo métodos, estratégias e técnicas próprias de investigação, que permitiam a reflexão, a intervenção, planejadas e avaliadas no seu contexto de trabalho.

A construção coletiva implicou despojar-se das 'verdades prontas', dos estereótipos, dos dogmatismos e, assim, apresentou-se uma grande disponibilidade de buscar, em equipe, sem desconsiderar o potencial, a experiência e o conhecimento que cada um trouxe e, por meio das 'memórias', tornavam vivas e concretas.

Novas situações foram sendo construídas e subsidiadas pelas teorias discutidas no percurso. Foi um trabalho em busca de descobertas e investigações, não deixando de lado a realidade possível institucionalizada. Cada produção foi analisada e selecionada com vistas a utilizá-la e a recriá-la.

A análise de tal fundamentação teórica ofereceu elementos importantes para situar as questões discutidas em uma perspectiva de superação do divórcio da teoria e da prática.

As vivências educadoras foram outro relevante trabalho, pois, por meio delas, o conhecimento em relação à comunidade escolar pôde dar condições para se trabalhar com ela, a partir do patamar de conhecimento que nos foi trazido, tendo em vista, avançar cada vez mais em novos níveis.

O 'saber' esteve sempre relacionado a um 'saber-fazer' e a um 'saber-agir'. O preparo desses professores para enfrentar essa nova escola pública significou, sem dúvida, instrumentalizá-los para atuar tanto na dimensão prática quanto na teórica.

Essa ação foi sempre uma tentativa de construção de si mesmo na relação com o outro. Para isso foi necessário colocá-los em condições de lidar com a prática do dia-a-dia da escola, do mundo, da vida, da realidade, uma vez que é aí o seu verdadeiro campo de trabalho na sua própria construção. Essa integração pressupõe uma integração de conhecimento, visando a novas buscas, novos questionamentos, enfim uma transformação da própria realidade.

Esse trabalho só foi possível, porque foi sustentado em objetivos e pressupostos teóricos, aliados a um forte compromisso com a escola pública.

Outra dimensão do nosso trabalho foi a metodologia. A dialogicidade e a 'participação' foram os canais facilitadores.

O diálogo foi entendido nas ações do trabalho do professor orientador, ou melhor dizendo, 'professor pesquisador', não como 'uma tática', uma técnica para conseguirmos bons resultados, mas como "uma atitude necessária na medida em que os seres se transformam cada vez mais em seres criticamente comunicativos" (Shor; Freire, 1986).

Aqui, cabe dar ao termo 'diálogo o sentido que Paulo Freire (1985) lhe confere:

> *[...] diálogo com uma relação horizontal (oposta ao eletismo) de amor, de humildade, de esperança, de confiança. E quando os 2 pólos do diálogo se ligam assim com amor, com esperança, com fé um no outro, e fazem críticas na busca de algo. Instala-se então uma relação de simpatia entre ambos... só aí há comunicação.*

Paulo Freire, ainda sobre o 'diálogo', afirma que "a palavra não é privilégio de alguns homens, mas direito de todos os homens" (Shor; Freire, 1986).

É o momento de reflexão sobre sua realidade, 'tal como a fazem e refazem'. Foi necessário, para esse diálogo, um ambiente de liberdade, de respeito, de responsabilidade, de curiosidade e de crítica.

Nos nossos encontros, a participação de todos ganhou relevância na perspectiva em que os professores trabalharam e aprenderam a partir da cooperação, não como competidores, mas como parceiros que se apoiavam mutuamente, construindo o conhecimento.

Educadores, no exercício dessa dinâmica, tiveram possibilidades de adquirir mobilidade e autonomia intelectual, capacidade de compreender e de interagir com o ambiente, com variedade de informações de nossa época e com os diferentes grupos, bem como formular e estudar novos problemas e alternativas, captando as complexas relações do mundo do trabalho na sociedade em que vivem.

O instrumento básico para essa construção foi a 'rotina viva' que organiza o tempo, que marca o ritmo, que executa a constância de um trabalho produtivo e sistematizado.

A estratégia de desenvolvimento do pessoal em serviço foi uma grande conquista. Este foi um momento em que os professores tiveram possibilidade de refletir com seus pares, sobre sua prática, em face das teorias sobre essa prática.

Essa forma propiciou tomar distância do cotidiano, o que facilitou a reflexão produtiva sobre a própria prática. O educador encontrou o espaço necessário para refletir sobre sua prática e sobre seus conhecimentos. Foi-lhes dada a oportunidade de momentos de troca em que foram valorizados os seus aspectos socioafetivo-cognitivos.

Foi por meio dessa troca que o grupo foi se construindo, criando vínculos, permitindo que cada um resgatasse sua identidade pessoal e profissional.

Nesse processo de 'imersão nas suas histórias de vida', os educadores trouxeram à tona dados significativos que, em cada encontro, serviram de elementos que favoreceram a construção do conhecimento e sua socialização.

Essas 'histórias de vida' foram reveladas em uma das modalidades desse curso denominada 'Memórias'. Esse foi o nome dado aos registros e relatos autobiográficos realizados pelos alunos-professores, em que procuraram destacar-lhe a importância para o processo de formação como docente. A importância do resgate da memória na construção do perfil profissional do professor facilitou a percepção do significado no registro nesse processo de resgate e constituição da prática docente. É importante dar destaque ao que Ecléa Bosi (2000), afirma a respeito da memória:

A memória não é um depósito de lembranças.
É uma atividade...
É uma procura de significados no passado[...]

Pudemos constatar por meio de suas trajetórias que muitos foram os momentos que permaneceram vivos na memória, e são responsáveis por quem são hoje. Muitas vezes tivemos oportunidade de ver como até mesmo certos objetos, plenos de lembranças, foram significativos em 'algum lugar do passado' e hoje, ao recuperá-los, trazem lembranças repletas de significados de vida. Assim, de simples 'objetos', passam a ser 'símbolos' interiores que evocam 'memórias'.

Dessa forma, sua prática pedagógica passa a ser analisada pela reconstrução permanente, a partir de seus conhecimentos teóricos e metodológicos, filtrados pelas influências recebidas em sua vida e da relação entre elas.

Com isso, tivemos diferentes 'falas', dependendo do caminho percorrido por cada um. A lógica das lembranças foi a da emoção. Com elas, pudemos analisar e discutir as marcas do passado que puderam repercutir na vida profissional em diferentes situações vividas. Foi nessa relação, entre a memória e sua prática docente que estaria uma grande parte da nossa ação. Nosso objetivo não foi só de recuperar sua história (que, aliás, muitas vezes, muito lindas!), mas intervir em suas práticas atuais, dando-lhes sentido e ajudando-os a se conscientizarem de suas influências.

O caráter investigativo dessa ação permitiu ao aluno-professor retomar e analisar seu percurso docente até hoje, contribuindo assim para sua identidade profissional. Ao olhar o seu passado, os professores tiveram a oportunidade de refazer seus próprios percursos. Reavaliaram suas práticas, sua vida profissional, dando novos significados às experiências vividas e recriando as futuras.

Foi através da observação, do registro, da reflexão, da síntese, da avaliação e do pensamento que esse trabalho se concretizou. A observação reflexiva e planejada deu sustentação a uma reflexão da prática e da construção do conhecimento.

Foi com o auxílio dela também que se recuperou o 'registro', possibilitando depois a elaboração da síntese. Proporcionou ainda a reflexão escrita, recurso exigente e valioso pelo que todos têm oportunidade de resgatar a história do próprio grupo, já que o ato de escrever propicia a discussão interior, a discussão com o outro (mesmo na ausência), a organização e a solidificação do pensamento.

A reflexão que cada um trouxe ao grupo deu oportunidade de detectar a prioridade para os aprofundamentos e os novos conceitos a serem pesquisados.

Por intermédio da reflexão avaliativa, em que cada aluno-mestre se posicionava sobre o trabalho e os conteúdos abordados, é que foi possível perceber os pontos que precisavam ser revistos, modificados ou novamente introduzidos.

O grupo foi crescendo não só do ponto de vista da compreensão teórica, mas principalmente em relação à sua prática, e à forma de lidar com ela tanto oralmente como por escrito. E essa ampliação do entendimento sobre diversas esferas que cercavam a vida dos alunos-professores fez com que a auto-estima de todos da turma fosse se elevando, melhorando. Assim, do medo inicial, pôde-se perceber uma reação mais positiva em relação à Educação.

Para finalizar esta etapa de reflexão sobre o trabalho como professora orientadora, foi importante destacar que as dimensões de nosso trabalho aqui comentadas foram fundamentais para o sucesso dele, porque foram permeadas por um clima 'carinhoso' e 'amigo' dentro de um ambiente de abertura e diálogo, de respeito e responsabilidade, de curiosidade e de crítica. A participação ganhou relevância na perspectiva em que os alunos-mestres trabalharam e aprenderam a partir do compromisso, da competência, do interesse, e foi possível, como 'parceiro' que se apoiaram mutuamente, construírem o conhecimento voltado para uma prática que ocorre no dia-a-dia.

Em grande parte, o nível de sucesso desse trabalho esteve intimamente relacionado ao clima que se instalou nos momentos de nossos encontros; trabalho esse que ao acontecer abriu, 'além da soma', um horizonte de possibilidades.

REFERÊNCIAS

BOSI,E. **Memória e sociedade.** São Paulo: Companhia das Letras,1979.

______. **Tempo vivo da memória.** São Paulo: Ateliê, 2003.

______. **Velhos amigos.** São Paulo: Companhia das Letras, 2003.

FREIRE, Paulo. **Por uma pedagogia da pergunta.** Rio de Janeiro: Paz e Terra, 1985.

LANDELL DE MOURA, M. Isbela Gerth. **Centro específico de formação e aperfeiçoamento do magistério (CEFAM) no Estado de São Paulo**: resgatando sua História e analisando sua contribuição, 1991. Dissertação (mestrado). Pontifícia Universidade Católica de São Paulo. São Paulo, 1991.

NÓVOA, Antônio. (Org.) **Profissão professor.** Porto: Porto Editora, 1995.

______. **Vidas de professores.** Porto: Porto Editora, 1995.

SHOR, I.; FREIRE, P. **Medo e ousadia:** o cotidiano do professor. Rio de Janeiro: Paz e Terra,1986.

O PAPEL DOS ORIENTADORES NA FORMAÇÃO UNIVERSITÁRIA DE PROFESSORES

Sônia Maria Vanzella Castellar
Orientadora do PEC

Nosso objetivo no presente texto é analisar a maneira como se deram as ações dos orientadores e também a relação entre os professores e os seus saberes.

Marias, Anas, Antônias, Fátimas, e Josés... tantos nomes femininos mas nem tantos masculinos, revelaram-se verdadeiros guerreiros em relação ao seu processo de aprendizagem. Guerreiros que ainda têm que lutar com a dupla ou tripla jornada de trabalho, mas não se desmobilizaram, foram enfrentando a cada dia os desafios que surgiram.

O primeiro contato estabelecido com os professores foi muito interessante. Vivenciamos momentos de estranhamento, questionamentos, dúvidas, para em seguida caminharmos, superando os obstáculos do cotidiano e os desafios presentes no conjunto das ações que deveríamos desenvolver. Procurou-se estabelecer um vínculo de confiança entre orientador, tutor e professores-alunos.

Nos freqüentes encontros a confiança foi se materializando e, a partir de então, começamos a compreender melhor o modo diferenciado das experiências escolares que cada professor-aluno trazia para as nossas conversas, que ocorreram em grupos organizados em decorrência dos temas das monografias. Organizar os textos, deixar fluir as idéias dos professores, trocar relatos sobre as angústias e medos presentes no dia-a-dia faziam parte do trabalho do orientador.

A nosso ver, não podíamos ignorar que a transmissão e a partilha de uma cultura passavam pelas ações e encontros que estabelecemos durante quase dois anos. Notamos que o professor-aluno foi atuando para se apropriar de sua experiência, do conhecimento que possuía, investindo em sua emancipação e em seu desenvolvimento profissional. O trabalho que desenvolvemos com esses professores era o de colaboração, constituindo uma relação de aprendizagem e, muitas vezes, tendo que direcionar rumos e mediar as inadequações que se apresentavam nos trabalhos e provas.

Sendo assim, procuramos entender o olhar de cada professor, o que foi importante para que notássemos as mudanças que estavam acontecendo, incluindo a resistência de alguns que por diferentes motivos não se aproximavam. Contudo, apesar de algumas resistências, observamos no decorrer das orientações mudanças como: o brilho no olhar, a maneira de se vestir, de se pentear, sem falar das que ocorriam na escrita e na compreensão dos textos.

Era visível, portanto, o processo de crescimento pessoal e intelectual que estava ocorrendo com esses professores. Essa evidência se concretizava em suas falas firmes e seguras, na leitura de seus próprios textos, por exemplo, no texto das memórias, nas provas e na reestruturação do tema de pesquisa. Para eles tudo era novo, desafiador, mas enfrentavam todas essas batalhas para poderem chegar ao final do curso PEC – Formação Universitária com a dignidade de quem venceu mais uma etapa da vida.

Tomamos o cuidado de ouvi-los, anotando os centros de interesses, os problemas enfrentados nas escolas, o que gostariam de pesquisar, enfim, fomos interagindo com a história de vida de cada um, com as teorias que dariam suporte às pesquisas e, assim, conseguimos delimitar os problemas a serem investigados por eles. Não ficamos em silêncio, apenas oferecemos o tempo necessário para que amadurecessem e tomassem posições.

É importante ressaltar em que contexto estávamos atuando: um curso de formação para professores, em serviço, entre os quais muitos com mais de 10 anos de experiência, vivenciando conflitos familiares, profissionais e pessoais. Essa contextualização é necessária para estabelecermos o lugar da nossa fala, em relação à nossa atitude, dando sentido ao trabalho de orientação.

Um dos pontos fundamentais do PEC é pensarmos na sua totalidade. Na contribuição de um novo significado para a história de vida de cada um. Ao regressarem para seus locais de trabalho podemos arriscar que deve ter surgido um recém-adquirido olhar no ambiente escolar, nos detalhes e nas formas, ressignificando e reordenando tudo o que agora faz parte da sua nova experiência. Por ser o nosso desejo, sugerimos a esses professores que não deixassem de lutar contra o não pensar.

No decorrer do trabalho, notamos a disposição do professor-aluno em adaptar sua posição ao regressar à escola, criando uma perspectiva sobre o cotidiano escolar. Isso pode significar uma tomada de consciência por parte deles sobre sua ação. Essa afirmação pode ser feita em função da análise do processo de aprendizagem – provas, conversas, vivências, memórias, videoconferências que se desencadeou no decorrer dos dois anos de curso.

Nesse período, contribuímos para que os professores obtivessem ferramentas conceituais, elevassem sua auto-estima e criassem oportunidades para elegerem como fazer o que consideram certo. Essa foi uma das tarefas educativas mais desafiadoras para os orientadores quando encontrávamos com os professores-alunos. Pois atuávamos seguindo nossas crenças e entre elas estava o compromisso que nos unia – naquele momento – a melhoria da qualidade do ensino público. Nessa perspectiva, procuramos mostrar aos professores que cada sujeito é o autor do seu processo, dá significado ao seu mundo, por meio das suas ações e seus projetos e, não apenas, por ter boas intenções.

Em todo o processo, analisamos qual deveria ser o papel do professor; as dificuldades apresentadas por eles em escrever e ler foram aos poucos sendo superadas, mas uma pergunta se mantinha: por que o curso de magistério não deu conta das situações de aprendizagem?

As mudanças nas ações docentes

O que percebemos quanto à formação inicial do docente é a fragilidade de algumas discussões teóricas, as quais resultam em resistência às mudanças, pois mudar significa rever atitudes diante do mundo e as relações sociais existentes, o que muitas vezes gera um certo mal-estar. Na verdade, o professor deveria ter desenvolvido um grau de discussão teórica que lhe permitisse avaliar a sua formação em decorrência da aprendizagem do aluno, ou seja, ter desenvolvido um processo de autoformação crítico-reflexiva.

A tarefa docente consiste em organizar, programar e dar seqüência aos conteúdos, de forma que o aluno possa realizar uma aprendizagem significativa, encaixando novos conhecimentos em sua estrutura cognitiva prévia e evitando, portanto, uma aprendizagem baseada apenas na memorização.[1]

Ao discutir com eles os projetos das monografias e o resultado das provas, fomos percebendo que apesar de um discurso mais articulado e seguro, ainda havia muita insegurança em estabelecer outros referenciais para as atividades em sala de aula. Muitas das dificuldades que os professores enfrentam está em saber o que é ler, estudar e redigir; são atividades que devem ser por eles dominadas, para que possam ser realizadas com sucesso em sala de aula. Em nossos encontros tivemos que retomar questões relacionadas à estrutura do texto e à importância de realizarem as atividades apresentadas nas videoconferências e vivências com os seus alunos em aula. Reforçávamos que aos poucos se sentiriam mais seguros na realização dessas mudanças na prática.

Entre as atividades desenvolvidas no PEC ressaltamos a vivência educadora, experiência que contribuiu para que os professores-alunos aprendessem a observar, organizar dados e registrar, como mostram, a seguir, os comentários feitos por professores a respeito de vivências realizadas.

[1] Madruga, Juan A. Garcia. A aprendizagem pela descoberta ante à aprendizagem pela recepção: a teoria da aprendizagem verbal significativa. In: COLL, César. (Org.). **Psicologia da educação**. Porto Alegre: Artes médicas, 1996. v. 2. p. 70.

Quanto à Vivência Educação e Arte:

> *Este trabalho foi muito importante para minha prática, porque observando as obras-de-arte da cidade, criei um olhar mais sensível, um olhar par coisas que não tinha observado desta maneira. Com isso as aulas poderão ser mais descontraídas e dinâmicas [...].*

Quanto à Vivência Movimento, Corpo e Saúde:

> *Cabe ao professor conhecer melhor as teorias que embasam a sua prática educativa e buscar alternativas pedagógicas e o apoio da direção da escola para a melhoria do ensino; em contraposição, cabe também à direção dar apoio, confiar e valorizar os seus professores, não prejulgá-los pelos exemplos observados em alguns pouco [...]. Conhecer as manifestações artístico-culturais, os problemas de saúde, problemas de convivência social são formas de obter uma identidade social capaz de transformar aspectos negativos do ambiente urbano e escolar [...].*

Outra atividade desenvolvida no PEC, em função do Trabalho de Conclusão do Curso (TCC), trouxe também contribuição para que o aluno-professor se exercitasse na busca e análise de dados. Foi realizada uma pesquisa sobre o "gosto pela leitura". Os professores, ao final das atividades, constataram que [...] as crianças se envolveram mais com a leitura, e a biblioteca começou a fazer parte da prática educativa, por exemplo, nas aulas retomamos a prática da leitura, ouvindo contos, inclusive os familiares despertando maior interesse das crianças.

Os comentários acima, como outros que poderíamos ressaltar, reforçam o processo de internalização das mudanças nas práticas docentes que o projeto de formação universitária proporciona aos professores-alunos.

Constatamos que havia por parte dos professores-alunos indagações sobre a gestão escolar, a organização do sistema e, principalmente, sobre as relações com o aprender. O que mais os incomodava e acabava por mobilizá-los era a dificuldade de aprendizagem dos alunos por não conseguirem ler e escrever – o que poderiam fazer para evitar o fracasso desses alunos?

Essas questões só revelam a importância desse projeto de formação universitária, tanto criticado por alguns colegas que não perceberam a dimensão dessa proposta e das ações de cada pessoa comprometida desempenhava.

Os conflitos e os temas para a monografia

Um outro aspecto que não poderia deixar de ressaltar foi a relação que os professores-alunos foram estabelecendo com o saber, e que nos parece importante, seja sob o ponto de vista prático, seja sob o ponto de vista teórico. No decorrer do PEC – Formação de Profesores, eles deparavam com situações que colocavam em xeque o conhecimento estruturado e as suas práticas de sala de aula, de certa forma estavam vivendo conflitos – conflitos cognitivos. A cada módulo apresentado sobre currículo, avaliação, indisciplina, didática surgiam discussões, nas quais ficavam claro os momentos de desestabilização – o que se sabia, não era mais a verdade, anteriormente defendida. Essa situação também ocorreu quando foram tratados os conteúdos curriculares, os professores-alunos ficavam mais à vontade quando se refletia sobre Língua Portuguesa e Matemática, mas foi interessante proporcionar discussões com os grupos sobre a desmistificação das disciplinas de Ciências, História e Geografia. Nesse momento, percebe-se a desconstrução que tinham que fazer para pensar sobre outras formas de se relacionarem com esses saberes e incorporá-los de maneira mais significativa no currículo escolar e no cotidiano da sala de aula.

Os problemas centrais, ou seja, os objetos de pesquisa presentes nas monografias refletiam preocupações tais como: por que a criança não aprende? Esse fato está relacionado com o tipo de aprendizagem tradicional, fragmentada e que privilegia a memorização? Quais são os obstáculos para a aprendizagem? Muitas vezes, não tínhamos respostas, no entanto, procurávamos analisar com eles a realidade vivida, as características dos alunos e acima de tudo a natureza do processo de ensino e de aprendizagem.

Entre as questões trazidas para as análises durante a elaboração das monografias estavam as condições didáticas que poderiam ser postas em execução para evitar o fracasso escolar. Percebíamos que essa era a maior angústia dos professores, mesmo sabendo, muitas vezes, que nada poderia impedir que esse fato ocorresse. Sempre destacávamos a necessidade de compreender como se dá a relação entre o aluno e o saber, e foi, a partir desses questionamentos, que pudemos provocar discussões sobre o papel do professor na sala de aula, independentemente do sistema e, então, articular as preocupações existentes com as hipóteses de pesquisas que havia nos grupos.

Entre os temas a serem pesquisados estavam o do fracasso escolar e o da indisciplina, temas que revelavam a preocupação em fazer um trabalho que pudesse contribuir para o cotidiano da escola. Outros que apareceram estavam relacionados com a leitura e escrita, desafios presentes em quase todas as salas de aula: como fazer o aluno ler e escrever? Além disso, outros que apareciam, mas em número menor, tinham como preocupação buscar respostas em como mobilizar os alunos para o processo de aprendizagem e, até mesmo, em compromissar os pais na escola. No fundo, o ponto chave de todas as pesquisas era como fazer com que a escola se tornasse um lugar mais agradável e, ao mesmo tempo, como tornar o processo de aprendizagem em algo mais significativo. Enfim, todas as questões apresentadas para a monografia expunham, uma nova perspectiva para a prática docente e, conseqüentemente, para a melhoria das condições de aprendizagem.

Os saberes docentes, as instituições formadoras e os modelos de formação do professor

Foi interessante perceber que a compreensão do saber do aluno era também uma relação do saber que os professores-alunos estavam estabelecendo com eles próprios, havia, então uma apropriação do conhecimento que estava sendo trabalhado por todos com esse projeto de formação. Destacamos, então, para eles, que a aprendizagem ocorre quando o aluno se apropria e interioriza o conhecimento escolar, tornando-o algo seu. E o que estava ocorrendo com eles, deveria acontecer com os seus alunos, chamando a atenção para o processo de aprendizagem, que poderia ser comparado a um ritual, ao apropriar-se do conhecimento, em seguida incorporá-lo à sua prática e esse seria o ganho de todos.

O professor deve, portanto, atuar, se apropriar de sua experiência, do conhecimento que tem para investir em sua emancipação e em seu desenvolvimento profissional, agindo efetivamente no desenvolvimento curricular, deixando de ser mero consumidor de informação genérica.

O tema da formação docente vem sendo discutido em diferentes áreas, implicando vários setores da sociedade. Todas essas discussões nos trazem um dado: que tipo de concepção de formação docente teremos nos próximos anos?, como desenvolver um projeto de formação inicial em serviço?. Acredito que esse desenho pode não ser o mais perfeito, mas revelou resultados positivos como a eficácia do processo de apropriação do conhecimento, a mudança na atitude e na dimensão do papel de ser professor de séries iniciais num país com as características sociais como o nosso.

A nossa ação como orientador mostrou que existe uma falta de compreensão em relação aos conteúdos curriculares e que a importância deles na organização do currículo trouxe a necessidade de discuti-los com mais cuidado nos cursos de formação.

Outro momento desse trabalho está relacionado com a logística da coordenação geral do projeto. Apesar da dificuldade de encontrar todas as pessoas comprometidas ao mesmo tempo, em nenhum momento a coordenação deixou de avaliar e discutir com os orientadores, tutores e assistentes a organização do trabalho, avaliando, sistematicamente, os critérios de correção das provas e trabalhos; analisando a atuação de todos e as dificuldades encontradas pela equipe. Esses encontros caracterizaram uma concepção do projeto de formação, destacando uma visão de processo de construção não só do conhecimento dos professores, mas também da equipe comprometida.

Analisar as dificuldades apresentadas pelos professores faz com que tenhamos que retomar o papel das instituições formadoras, ou seja, refletir a realidade e agir sobre ela, mas numa ação conjunta: parceria entre universidade pública e escola pública O professor precisa ter, nesse momento, a dimensão do seu papel e necessita possuir uma formação inicial que lhe garanta no mínimo a capacidade de aprender a aprender; a competência para saber agir em sala de aula e ampliar o nível cultural geral. Esse professor é o que a sociedade exige.

Diante desse quadro, podemos afirmar que a maioria dos professores não compreende a natureza da aprendizagem, ou seja, não sabe como aprender a aprender, o que mostra a necessidade de pensar em diferentes modelos de projetos de formação inicial e continuada. Estruturar o conhecimento nessa dimensão contribui para que o indivíduo tenha uma visão sobre como os seres humanos constroem um novo conhecimento.

A formação de professores deve proporcionar situações que possibilitem a reflexão e a tomada de consciência das limitações sociais, culturais e ideológicas da própria profissão. Ao tomar consciência do seu papel, o professor atua como mediador do processo de aprendizagem, e isso significa dar condições para que a criança faça a sua leitura do mundo, podendo ser realizada a partir do conhecimento da sua realidade.

No entanto, a intervenção docente só estará estruturada e acontecerá quando a formação inicial der condições para que os futuros professores façam opções e tenham clareza sobre os conteúdos a serem ensinados. A autonomia do educador em sala de aula está ligada à sua formação, portanto, à qualidade do curso de formação universitária. Quando o professor ou futuros professores têm uma concepção clara de educação sabem o que é ser mediador da aprendizagem, autorizando-se na escolha e organização do conteúdo.

Se a formação universitária do professor é tão importante para melhorar o ensino, estamos diante de um problema que requer uma solução prática e efetiva. Ou seja, o nosso compromisso com o ensino público faz com que tenhamos de agir de diferente maneira, com clareza do nosso papel e das limitações que todas as propostas de formação inicial e continuada possam ter.

Contudo, dar formação não significa necessariamente mudar a prática, mas provocar um processo de reflexão sobre a prática e ao mesmo tempo compreender que as teorias precisam ser desenvolvidas nos cursos. Em uma sociedade democrática, onde se confrontam múltiplos interesses e estratégias, a mudança do sistema educativo terá necessariamente um longo percurso e por isso, terá que ter diferentes desenhos para que possamos atingir o maior número de pessoas possível.

Nessa concepção de formação destaca-se a necessidade de o professor ir além do estudo dos fatos, das definições e, especialmente, da valorização exclusiva dos aspectos cognitivos do ensino. O ensino é um processo que atua na formação humana em sentido amplo, abrangendo todas as dimensões da educação: intelectual, afetiva, social, moral, estética, física. Para isso, deve estar voltado para além da construção de conceitos, para o desenvolvimento de competências e habilidades e para a formação de atitudes, valores e convicções ante os saberes presentes no espaço escolar.

O que retratamos está relacionado com uma experiência muito singular, na medida em que se comprometeram nesse projeto centenas de pessoas, tecnologias, materiais impressos. A hipótese que tenho em decorrência da minha participação em várias etapas do projeto é que se não tivéssemos participado, enquanto instituição, do Projeto de Formação Universitária estaríamos atrasados em pelo menos dez anos no que se refere à experiência com Formação Inicial e Continuada em serviço.

A VOZ DOS TUTORES NA FORMAÇÃO DE PROFESSORES

Valéria Amorim Arantes
Co-elaboradora do material de Sexualidade

Marieta Nicolau
Coordenadora do Programa

No Brasil, como é sabido, a partir de 1945 a demanda pela educação - especialmente pela modalidade acadêmica -, cresceu consideravelmente. Tal demanda, advinda das transformações políticas e econômicas causadas pelo processo de industrialização, provocou um aumento expressivo nas matrículas realizadas em todos os níveis de ensino. Fruto de pressões das populações urbanas sobre os agentes da política educacional, a expansão da rede de escolas públicas reflete a consciência adquirida de que a escolaridade constitui a possibilidade de realização social e profissional do ser humano. (Beisiegel, 1999)[1].

Tal expansão, se, por um lado, aumentou exponencialmente o acesso da população à educação formal - dados do governo brasileiro indicam que cerca de 92% da população de 7 anos de idade está matriculada no ensino fundamental - em contraposição, parece ter promovido sérios questionamentos com relação à perda de qualidade do ensino público.

Esse talvez seja um dos maiores dilemas que afrontam a sociedade atual e, de forma específica, os profissionais da educação responsáveis pela elaboração e concretização das políticas públicas educacionais. Como conciliar os objetivos inegociáveis de democratização do acesso ao ensino formal com os objetivos também inegociáveis de qualidade na educação, garantindo não somente o acesso, mas também a permanência das crianças e dos adolescentes na instituição escolar?

A desvalorização da profissão e do trabalho docente, a falta de prioridade política e social para a educação, a falta de investimentos públicos adequados, os problemas advindos da chegada à escola de uma população diferente daquela que usualmente a freqüentava e as novas demandas da ciência e da sociedade que solicitam a organização de novos espaços, tempos e conteúdos escolares são algumas das causas geralmente apontadas pelos especialistas que se debruçam sobre o assunto da perda de qualidade da educação brasileira. Dependendo da leitura feita, apontam-se ações coerentes com a superação de tais causas como o caminho para a melhoria da educação pública.

Sem negar a relevância de todos esses fatores nem a importância de tais discussões e esperando não promover nenhum tipo de reducionismo, nosso obje-

[1] BEISIEGEL, C. R. Avaliação e qualidade no ensino. In: BICUDO, M.A.V.; SILVA JÚNIOR, C. A. (Orgs.). **Formação do Educador e avaliação educacional:** organização da escola e do trabalho pedagógico. São Paulo: UNESP, 1999. v. 3, p.35-41.

tivo neste texto é discorrer sobre o papel que algumas propostas e políticas de formação de professores podem ter na perspectiva de conciliar democratização e qualidade no ensino.

Reconhecendo a complexidade que caracteriza a questão da formação docente, e conscientes de que este é apenas um dos aspectos – dentre vários – a serem considerados na construção de uma escola de qualidade, uma equação trivial dá visibilidade à sua relevância: "A questão da qualidade de ensino não será adequadamente enfrentada sem que preliminarmente se enfrente a questão da formação do professor". (Azanha, 1994)[2]. Nesse sentido, parece-nos consensual que devemos enfrentar a questão da formação do professor para superarmos a má qualidade do ensino brasileiro. E isso pressupõe repensarmos – ou reinventarmos –, as ações de formação docente num processo que privilegie a crítica, a reflexão e a criação.

No esforço para atender a essa demanda, uma iniciativa que merece destaque é o Programa PEC – Formação Universitária, desenvolvido pela SEE - Secretaria de Educação de São Paulo (SEE) em parceria com três universidades: Universidade de São Paulo (USP), Universidade Estadual Paulista (UNESP) e Pontifícia Universidade Católica de São Paulo (PUC-SP).

Organizado para certificar com diploma de nível superior os professores PEB-I, efetivos, da rede pública estadual de ensino, tal iniciativa destaca-se, em primeiro lugar, pelo desafio de ter oferecido formação, ao mesmo tempo, a mais de 6.000 profissionais. A qualidade dessa formação esteve assegurada na seriedade e compromisso estabelecido entre os agentes compromissados na construção e produção do material didático que deu suporte ao curso. Consideramos que os materiais – impressos e eletrônicos – produzidos foram de excelente qualidade.

Mas isso, evidentemente, não garante a qualidade da formação docente. É necessário assegurar que os conhecimentos contemplados no curso e nos materiais cheguem também com qualidade aos alunos e às alunas por meio de profissionais das universidades que trabalhem os conteúdos programáticos com competência e seriedade.

Aqui se coloca, em nossa opinião, o principal problema da democratização do acesso ao conhecimento: como garantir a qualidade em um curso de formação docente ao mesmo tempo que se amplia o número de vagas das tradicionais 400 ou 600 vagas dos cursos de pedagogia dessas universidades para as mais de 6.000 oferecidas?

A tentativa de responder ao desafio veio mediante proposta de um curso de natureza semipresencial, investindo fortemente em novas tecnologias e novas mídias de comunicação, que assegurassem que os profissionais da universidade conseguiriam discutir e trabalhar os conteúdos previstos nos materiais – impres-

[2] AZANHA, J. M. P. **Comentários sobre a formação de professores em São Paulo.** São Paulo, UNESP, 1994.

sos e eletrônicos - com o maior número possível de alunos e alunas, rompendo os tradicionais espaços físicos das universidades. A sistemática de funcionamento desse programa utilizou diferentes modalidades de recursos tecnológicos para executar as atividades didático-pedagógicas, como: videoconferências, teleconferências e trabalhos monitorados.

Com isso conseguiu-se que os conhecimentos previstos na proposta pedagógica deste programa chegassem a todo o Estado de São Paulo. Ou seja, atingiu-se o pressuposto da democratização de acesso aos conhecimentos do ensino superior a uma população de professores e professoras de praticamente todo o Estado de São Paulo, incluindo pequenos municípios do interior. Mas uma pergunta fica no ar: é possível atingir bons níveis de qualidade em cursos de formação a distância, sem a presença do/a professor/a? Estamos, afinal, legitimando determinadas profecias que há algum tempo decretam o fim da profissão docente, substituída por máquinas ou recursos tecnológicos de som e imagem?

Não acreditamos em tais profecias. A presença física e pessoal do educador na sala de aula é absolutamente intransferível e insubstituível. Afinal, os processos de ensino e de aprendizagem não são apenas de natureza cognitiva. O ser humano que está do outro lado dos recursos tecnológicos – aluno ou aluna – não é uma máquina de aprender, cognitiva, que processa informações. Sua aprendizagem, ou a construção de conhecimentos por sua parte, pressupõe ações mentais, sentimentos, afetos, inquietudes, descobertas que somente se concretizam se puderem interagir, dialogar, questionar, criticar, chorar, sorrir, sabendo que existe ao seu lado alguém que o acompanha, ampara, sana dúvidas, ouve. O professor ou professora é, pois, a peça chave de todo o sistema educativo. As relações humanas são essenciais nos processos de construção do conhecimento. Sem elas, poderá haver aprendizagem de determinados conteúdos, mas não haverá produção significativa de conhecimento. Em suma, não haverá qualidade no processo educativo.

Isso nos remete novamente à pergunta que dirige este trabalho: como conciliar a democratização que os recursos tecnológicos de ensino a distância propiciam com os objetivos de uma qualidade na educação que pressupõe a figura essencial do/da professor/a em sala de aula?

Uma resposta possível, em nossa opinião, está na inserção em cada sala de aula de pessoas, seres humanos, mediadores dos processos de ensino e de aprendizagem. Estamos defendendo a idéia de que tutores e tutoras bem formados pelos docentes das universidades e que estejam presentes diariamente nas salas de aula podem fazer o diferencial em propostas de formação apoiadas em recursos tecnológicos de ensino a distância. Ou seja, enquanto as matrizes dos conhecimentos estão apoiadas em materiais didáticos – impressos e eletrônicos – e em profissionais altamente qualificados das boas universidades que se utilizam dos recursos tecnológicos para transmitir e discutir com competência e seriedade os conteúdos a serem estudados, o professor tutor torna-se a figura central para que tais processos atinjam objetivos de qualidade inegociáveis.

O papel dos tutores no PEC - Formação Universitária/USP sempre foi visto com uma dupla finalidade: que tais profissionais pudessem exercer com competência a função de mediadores do conhecimento, por ser algo essencial em programas de ensino semipresenciais; que se formassem como novos e competentes profissionais na área de educação, por meio da experiência concreta do trabalho de tutoria. Assim, além de contribuir para a qualidade do ensino, uma intenção clara do programa foi o investimento na qualificação e formação dos tutores, capacitando-os para o exercício pleno da função docente em nível superior.

O perfil do tutor, desenhado pelo programa, foi o de um profissional com nível superior, que se encontrasse em pleno processo de formação profissional, com bom nível intelectual e cultural, e que em sala de aula exercesse o papel essencial de relacionar-se pessoalmente com os alunos e as alunas, de mediar o processo de construção de conhecimento dialogando, estimulando, orientando, amparando, acompanhando, sanando dúvidas e provocando-as também. A atuação docente do tutor estruturou-se, pois, de acordo com os princípios da aprendizagem construtivista, tornando os alunos e as alunas protagonistas de sua própria aprendizagem. Ele foi, assim, um elemento central, uma pessoa essencial na busca da conciliação da democratização do acesso ao conhecimento com a busca de qualidade na construção de conhecimentos.

A experiência do PEC – Formação Universitária/USP trouxe em seu âmago um alerta para os gestores de políticas públicas que vêm produzindo fórmulas e propostas de universalização do acesso ao ensino superior a partir dos recursos de ensino a distância. Se não houver, em tais programas, uma boa base de formação dos professores tutores, com seriedade e competência, pode-se atingir a finalidade de conseguir números expressivos que preenchem os dados estatísticos dos órgãos gestores da educação, que podem anunciar que estão dando formação de nível superior a todos os seus profissionais. Mas e a qualidade? E os objetivos reais da educação? E a construção de práticas pedagógicas transformadoras da realidade, em prol da superação das desigualdades sociais?

Conscientes de que por si só a figura do/da tutor/a não garante essa qualidade – senão bastaria tê-lo/la em sala de aula para ter qualidade no ensino, o que é obviamente falso e absolutamente simplista –, em projetos de formação profissional abrangendo um grande número de estudantes em uma boa seleção na escolha e empenho na preparação dos tutores e das tutoras é essencial para a qualidade de tais projetos.

Foi nessa perspectiva que se prepararam os tutores que executaram o programa. No processo avaliativo da fixação do programa, esses educadores puderam expressar sua opinião. Do questionário (anexo 1) a que responderam, destacamos duas questões: a primeira pedia uma avaliação geral do programa e a quarta solicitava suas opiniões sobre as transformações positivas que o programa havia produzido na vida dos/das professores/as alunos/as.

Quanto ao programa, os exemplares das respostas (anexo 2) de dezoito tutores revelam uma percepção altamente positiva. Vários aspectos – diferentes e complementares – são apontados como indicadores dessa visão:

- Oportunidade aos professores de acesso a um ensino superior de qualidade que propiciou:
  - Material didático excelente;
  - Contato com bibliografia atualizada, na área educacional;
  - Interação com recursos tecnológicos e diferentes mídias;
- Caráter inovador pela tecnologia e interatividade com as diferentes mídias;
- Coerência, seriedade e compromisso no cumprimento de seus objetivos;
- Caráter propulsor de renovação, de mudanças, de experimentação do fazer pedagógico;
- Desenvolvimento pelos cursistas do gosto e proficiência na leitura e na produção escrita;
- Desenvolvimento de competências para a pesquisa e criação de alternativas na prática pedagógica.

Quanto ao impacto do programa na formação profissional dos cursistas, as respostas (anexo 3) de dezoito tutores revelaram que foi possível observar, na atitude dos professores, ao longo de dois anos:

- maior disposição e facilidade para a leitura;
- maior desenvoltura para a produção de textos;
- maior e melhor participação nas discussões;
- menor resistência na avaliação das propostas;

- argumentação mais bem fundamentada;
- facilidade no uso do computador;
- desenvolvimento da auto-estima;
- maior capacidade de relacionamento;
- maior criticidade;
- nova percepção sobre a capacidade de aprender de seus alunos;
- valorização da formação contínua;
- desenvolvimento da autocrítica e auto-avaliação;
- valorização profissional; a busca para embasar teoricamente sua prática.

De acordo com a percepção da maioria dos tutores e tutoras, o PEC – Formação Universitária/USP provocou transformações significativas na construção da auto-imagem dos alunos e alunas. Quase todas as respostas descritas anteriormente fazem referência, direta ou indiretamente, à "auto-estima" dos alunos e das alunas como um aspecto altamente desenvolvido durante a formação: "[...] a auto-estima elevada da grande maioria dos alunos foi notória [...]".

No cenário da escola pública brasileira é freqüente associarmos aos seus atores e atrizes um constante estado de baixa auto-estima: docentes e funcionários visivelmente insatisfeitos com suas situações profissional, social e pessoal, com as relações que estabelecem com os alunos e com os dirigentes, com as políticas públicas educacionais, com os baixos salários, com a impotência diante dos conflitos a serem enfrentados na instituição; alunos e alunas demonstram, cada vez mais, a falta de projeto de vida, o desinteresse e/ou a incapacidade para aprenderem o que a escola lhes exige, a discriminação e o preconceito que vivenciam no interior dessas instituições, a descrença de que conquistarão o mercado de trabalho ou de que, simplesmente, terão um futuro melhor e mais feliz.

Torna-se significativo perceber nos relatos citados anteriormente o tema da auto-estima e como ela foi reforçada nos professores-alunos desse curso de formação. Isso, uma vez mais, demonstra a importância e qualidade do trabalho desenvolvido.

Chamam-nos atenção, também, as mudanças que o programa provocou nos alunos e alunas: [...] os alunos-professores terminaram o programa com novas vontades, vontade de estudar, vontade de mudar, de experimentar. Eis a verdadeira função de qualquer tarefa educativa: provocar a reconstrução do conhecimento e da experiência do sujeito. E isso nos remete a um dos objetivos centrais da educação, a saber, a "formação ética" dos futuros cidadãos e cidadãs.

Nesse sentido, não podemos deixar de destacar o significado do PEC para a formação pessoal dos professores e das professoras da rede pública. Ele parece ter transcendido os conteúdos, códigos, atividades e produtos da vida intelectual, introduzindo, no trabalho educativo, a valorização e resgate dos aspectos positivos encontrados na personalidade desses profissionais. E isso não seria possível sem a presença do professor mediador, representado, no PEC, pela figura do tutor ou da tutora.

Em síntese, esses profissionais parecem ter criado em seus alunos e alunas o desejo de aprender, ao mesmo tempo que parecem ter dado visibilidade ao que se aprendia, na busca de determinados objetivos pessoais. Parecem ter transformado o espaço institucional de formação universitária em um espaço de discussão de temas relativos ao cotidiano dessas pessoas. Eles parecem ter dado "voz" e "escuta" aos seus alunos. Uma experiência que parece ter ampliado, consideravelmente, a visão de mundo daqueles comprometidos. E este é (ou deveria ser) o papel – intransferível – de todo educador e educadora.

Na proposta aqui discutida de trabalhar com novas tecnologias nos cursos de formação docente, sem abrir mão das relações humanas, talvez resida a resposta ao dilema educacional colocado de conciliar os objetivos democráticos de universalização do acesso ao ensino com a busca de qualidade na educação pública brasileira.

ANEXO 1

Caros Tutores do PEC – Formação Universitária/USP:

É importantíssimo para o nosso relatório e para a avaliação do PEC/USP que vocês nos respondam sinceramente e sem trocar idéias com outras pessoas as questões que se seguem.

Se você precisar de mais espaço para as suas respostas continue no verso, indicando os números das perguntas.

I. Qual é a avaliação que você faz do PEC – Formação Universitária/USP. Justifique as suas respostas.

____

____

II. Destaque aspectos que mostrem mudanças positivas que aconteceram com você.

____

____

III. Destaque aspectos negativos que dificultaram seu trabalho.

____

____

IV. Relacione as mudanças positivas que ocorreram com os alunos, indicando as prováveis causas.

____

____

V. Nomeie os fatores que dificultaram mudanças positivas dos alunos.

____

____

VI. Avalie a qualidade dos conteúdos que compõem o material impresso recebido pelos alunos. Justifique as suas respostas.

VII. Avalie as videoconferências, consideradas no conjunto das mesmas.

VIII. Avalie as teleconferências, consideradas no conjunto das mesmas.

IX. Como se deu a integração PEC/USP nos CEFAMs? (diretora, alunos e professores dos CEFAMs, estagiários do PEC e funcionários?

X. Para você, quais foram os principais objetivos visados pelo PEC/USP?

XI. Que você mudaria no PEC visando ao aprimoramento do Programa?

Obrigada pela cooperação

ANEXO 2

Qual é a avaliação que você faz do PEC – Formação Universitária/USP. Justifique sua resposta.

1. "Sem dúvida, o PEC – Formação Universitária/USP consistiu em uma experiência inesquecível, atingindo não só os objetivos traçados inicialmente, mas também conquistando muito mais do que foi previsto. O que considero mais importante é que mais do que oferecer o diploma de nível superior para os professores efetivos da rede pública, o PEC possibilitou o acesso deles a um ensino superior com qualidade, evidente no material didático utilizado, no acesso às mídias interativas, nas semanas presenciais, no contato com textos e livros importantes na área de educação, nas discussões realizadas... Uma forma mais acertada de avaliar o PEC é pensar nas alunas quando começaram o curso e em dezembro quando o concluíram. Chega a ser emocionante!"
2. "Avalio o PEC como um projeto inovador, moderno que utilizou a tecnologia com mídias interativas. O PEC foi um projeto que deu certo, senti muita satisfação das professoras alunas em cursarem o PEC."
3. "[...] as melhores sensações me vêm à mente quando penso no PEC/USP. Houve coerência, seriedade e compromisso. O maior exemplo foi a realização dos estágios... Acredito que os objetivos foram alcançados. Os alunos-professores terminaram o programa com novas vontades, vontade de estudar, vontade de mudar, de experimentar. Isso, para mim, foi o mais importante [...]"
4. "Eu avalio o curso como de ótima qualidade, tanto no que diz respeito ao material, que é composto por excelentes leituras e atividades (muito embora estas últimas sejam, por vezes, em quantidade superior à necessária), quanto pelo trabalho que desenvolvemos, no qual nos empenhamos com total seriedade."
5. "Com certeza, apesar de todas as dificuldades encontradas no decorrer do curso, a avaliação que faço é que o PEC-USP foi muito positivo.... Não posso deixar de citar a metodologia utilizada, na qual o conjunto das VCs, TCs, trabalhos *on-line* e principalmente o material impresso possibilitaram excelentes e valiosas discussões."

6. "Ótima. No início do curso eu percebia nas falas e atitudes das alunas que elas estavam achando que este era só mais um curso, um cumprimento de exigências impostas pela Secretaria de Educação. Aos poucos, elas começaram a perceber o quanto o curso era importante para as suas práticas de sala de aula e que trazia idéias e discussões novas para a sua formação."

7. "A minha avaliação é muito positiva, pois, apesar das características singulares que implicaram o programa PEC – Formação Universitária, como, por exemplo, tempo do curso e a utilização de diversas mídias interativas, estimulando todos aqueles nele comprometidos uma constante revisão da prática, os bons resultados alcançados deixam patentes a seriedade do curso e o comprometimento de todos que se empenharam para que a qualidade fosse mantida. Foi um curso inovador que, com certeza, marcou a história da educação no Estado de São Paulo."

8. "O PEC foi um excelente projeto, funcionou em todos os sentidos e atingiu o objetivo de dar novos horizontes às alunas-professoras".

9. "É um curso necessário para melhorar a formação das professoras. Na minha visão esse curso veio complementar conhecimentos e aprimorar práticas, tais como: melhorar o gosto e a proficiência pela leitura, além de desenvolver um senso crítico mais aguçado, inclusive para diagnoses do próprio trabalho e uma melhor disposição e competência para pesquisas e métodos alternativos da prática pedagógica, enfim, as professoras-alunas saíram com possibilidades reais de realizar melhor o seu trabalho."

10. "Acredito que houve dificuldades dos alunos em lidar com o tempo e com a complexidade de alguns materiais, mas o balanço final, com certeza, é muito positivo, aprenderam muitos conceitos, a ler mais, a interpretar o que lêem, a escrever melhor, a serem mais curiosos, a se sentirem mais autônomos para aprender e buscar uma atuação melhor como educadores e, acima de tudo, aprenderam a pesquisar e buscar aprender de modo mais independente."

11. "Trata-se de um curso de alto nível e com muita tecnologia, desenvolvido por excelentes profissionais..."

12. "Avalio que o programa desenvolvido foi bom, de qualidade."

13. "O PEC – Formação Universitária mudou o olhar dos professores da rede pública estadual que estavam, a maioria deles, sem um curso, sem um incentivo há muito tempo. Durante o PEC, pude notar que as professoras-alunas refletiam sua prática pedagógica e procuravam, cada dia mais, atualizar

suas aulas, leituras, escritas e principalmente, trabalhar diversificadamente. A mudança de atitude delas foi visível e muito rápida."

"Muitos documentos ricos foram escritos durante o curso, mas o que mais senti prazer em acompanhar e ajudar foi o trabalho de conclusão de curso e as Memórias. Com o T.C.C., as professoras-alunas trocavam experiências, buscavam novas leituras, coleta de materiais e muito estudo; já nas Memórias, me emocionei ao lê-las, chorei e também ri muito, pois foi documentada a trajetória da vida profissional de cada aluna, de cada mulher, de cada mãe, esposa, amiga, filha, de cada professora-aluna e sua história."

"O PEC foi um programa inovador para todos que fizemos parte dele, pois contávamos com diferentes mídias interativas (videoconferências, teleconferências, atividades do *Learning Space*) e também fomos privilegiados em estar em contato com uma metodologia formada por eixos temáticos o que proporcionava-nos uma visão mais integrada das diversas áreas do conhecimento."

14. "Avalio o PEC – Formação Universitária de uma forma positiva. Graças ao empenho de todos que deste projeto participaram pudemos trabalhar com materiais de ótima qualidade e tivemos o necessário respaldo teórico."

15. "A avaliação que faço do PEC/USP é plenamente satisfatória, nas escolhas de todos profissionais para realizações das videoconferências, teleconferências, orientações do *learnig space* e TCC, dos temas abordados no material impresso, atividades presencias na USP e orientações ao tutores."

16. "Acredito que o PEC – Formação Universitária/USP foi de extrema relevância para o crescimento da Educação em nosso Estado. O PEC veio embasar, dar suporte teórico, nortear a prática do professorado que teve a oportunidade de fazer parte deste projeto."

17. "Um projeto ousado e corajoso que beneficiou um grande número de professores de rede estadual de ensino, mas, sobretudo, levou para as salas de aula uma nova perspectiva de sucesso e aprendizagem. Isso se justifica pelo sucesso que o projeto alcançou com alunos-professores e que nós tutores sentimos muitas vezes em seus depoimentos e reflexões durante as aulas."

18. "Projeto grandioso que englobou os diferentes profissionais da educação das universidades públicas/privadas do Estado de São Paulo, da mídia interativa e tecnológica, cujo conjunto se empenhou ao máximo e produziu um curso universitário moderno da melhor qualidade aos professores da rede pública."

ANEXO 3

Relacione as mudanças positivas que ocorreram com os alunos, indicando as prováveis causas.

1. "[...] Mudanças positivas ocorreram em vários aspectos: maior disposição e facilidade para a leitura, maior desenvoltura para a produção de textos, maior e melhor participação nas discussões, menor resistência na avaliação das propostas, argumentação mais bem fundamentada, maior iniciativa etc."
2. "Perderam o "medo" dos computadores... A auto-estima delas melhorou muito. Com o excelente material apresentado que proporcionou discussões importantes, sentem-se mais valorizadas e seguras para desenvolver suas atribuições enquanto profissionais da educação."
3. "A mudança que considero mais importante é justamente de ter, hoje, um novo olhar sobre o aluno. Ter a certeza que ele é capaz de aprender e que para isso o professor precisa desempenhar o seu papel em sala de aula."
4. "A auto-estima elevada da grande maioria dos alunos foi notória, graças à oportunidade que eles tiveram de estar trabalhando "intelectualmente" com uma universidade. Outra mudança positiva que posso ressaltar é o desenvolvimento da coletividade e do coleguismo."
5. "Com o decorrer do curso, os alunos aperfeiçoaram e desenvolveram mais a capacidade de se relacionar, passaram a respeitar as opiniões."
6. "Comparando o início e o final do curso, houve melhoras tanto no conhecimento quanto na disciplina."
7. "Maior criticidade, maior desenvoltura no falar e no escrever. Acho que isto se deve por estarem sempre em contato com textos acadêmicos, pesquisas e discussões em grupo."
8. "Valorização da formação contínua; maior intimidade com textos acadêmicos; acesso à teorias educacionais não conhecidas e aprofundamento das conhecidas; maior desenvoltura na leitura, escrita e na oralidade; maior intimidade com a informática; acesso às novas mídias interativas; professor profissional e não missionário; autonomia para estudar, pesquisar; valorização da pesquisa e desenvolvimento de tal habilidade; auto crítica, auto avaliação."
9. "Citaria a mudança principal como o desenvolvimento da auto-estima, muitas professoras superaram seus medos, chegando até a me surpreender com

a participação em vídeos, com suas notas nas avaliações e com a qualidade de seus trabalhos."

10. "O manuseio do computador, a mudança de referência da prática em sala de aula, do aluno x para o autor e o aspecto discutido no texto e o entusiasmo com a profissão docente. Os textos, as aulas e, principalmente, a interação entre os alunos-professores foram responsáveis pelas mudanças."
11. "Foram muitas as mudanças positivas que percebi nos alunos, tanto no campo profissional como pessoal. A melhora na capacidade de argumentação foi visível, assim como a mudança na prática pedagógica, evidenciada pelos depoimentos em sala de aula. Com a auto-estima elevada e dotados de maior criticidade puderam perceber não só os problemas pessoais como também os que contemplam a escola pública e a profissão de educador de forma mais crítica e realista."
12. "Mais participativos nas escolas, o PEC reforçou a auto-estima deles; Mais interessados em questões relativas à educação, o PEC abordou várias facetas do problema e isto deu bagagem para eles se inteirarem dos assuntos."
13. "No início houve conflitos, porem, à medida que os grupos foram se acertando por afinidades das componentes, e as mais lentas foram adquirindo uma melhora na leitura e no ritmo, passou a haver menos estresse e mais aceitação entre elas e inclusive de algumas para comigo."
14. "As principais atitudes positivas notadas em relação aos alunos foram: grande avanço da maioria em sua atitude em relação ao conhecimento e em relação ao curso... Houve ganhos importantes no campo da auto-estima dos professores."
15. "Na minha opinião, a principal mudança positiva foi o entendimento da Progressão Continuada [...]"
16. "Destaco algumas mudanças como primordiais ao exercício da ação docente: segurança em suas ações, causada pelo embasamento teórico aliado à prática anteriormente concebida."
17. "As discussões passaram a ser mais fundamentadas e não como, no início, baseadas no senso comum, tendo em vista a leitura, o estudo e a pesquisa desenvolvida no curso. A auto-estima dos alunos se observou de forma muito significativa, considerando a melhoria nas relações pessoais, o prazer de cuidar da aparência, tendo como causa a oportunidade de estar concluindo o 3° grau e a obtenção de um diploma da USP."
18. "O professor, quando se sente motivado, valorizado e acredita em si, ele é capaz de realizar com seus alunos e com ele mesmo, atividades que, às vezes, ele mesmo duvida... O PEC acrescentou tudo isso para as professoras-alunas."

RECUPERAÇÃO ESPECIAL[1]: A EXPERIÊNCIA VIVIDA NO PEC – FORMAÇÃO UNIVERSITÁRIA ESTADUAL

Marcos Garcia Neira
Orientador – Diadema, turma B Tarde

> *Recuperar não significa aprovar o aluno a qualquer preço, mas reabilitá-lo nas aprendizagens básicas, a fim de integrá-lo a um mínimo de aproveitamento estabelecido, internamente, pela instituição educativa ou, externamente, pelo sistema de ensino. Recuperar não é impor procedimentos metodológicos uniformes a todos os alunos deficitários no seu rendimento, mas desenvolver técnicas localizadas para atendimento de dificuldades específicas. Recuperar é, em suma, lançar mão de medidas preventivas que suplantem deficiências bem-definidas, emergentes da situação ensino-aprendizagem. Recuperar é, enfim, devolver ao aluno a confiança em si próprio, fazendo desaparecer da prática escolar, tanto quanto possível, a experiência do fracasso. (Vale, 1975, p. 26)*[2]

1. A política educacional

A política educacional definida pela Secretaria da Educação de São Paulo (SEE) desde 1995 tem possibilitado a efetivação de importantes mudanças no sistema educacional paulista. São três os eixos norteadores dessa política: a racionalização organizacional, a mudança nos padrões de gestão e a melhoria da qualidade de ensino.

Melhorar a qualidade de ensino significa promover, mediante ações concretas, a valorização profissional do quadro do magistério. Assim sendo, a Secretaria da Educação entende que a formação dos professores do ciclo inicial do ensino fundamental deva ser realizada em nível superior, o que é preconizado pela Lei de Diretrizes e Bases da Educação Nacional (LDB) (Lei 9394/96) que no seu artigo 62 estabelece:

> *A formação de docentes para atuar na educação básica far-se-á em nível superior, em nível de licenciatura, de graduação plena, em universidades e institutos superiores de educação, admitida, como formação para o exercício do magistério da educação infantil e nas quatro séries iniciais do ensino fundamental, a oferecida em nível médio, na modalidade normal.*[3]

Para pôr em prática este princípio, a LDB institui, nas suas disposições transitórias, a década da educação, finda a qual "somente serão admitidos pro-

---

[1] Atribuímos esta nomenclatura para diferenciar dois processos existentes a recuperação final da recuperação paralela.

[2] VALE, José Misael Ferreira. **Os estudos de recuperação**: análise do problema na rede estadual escolar de São Paulo, 1975. Dissertação (Mestrado) – Faculdade de Educação, Universidade de São Paulo, São Paulo,1975.

[3] Brasil. Lei de Diretrizes e Bases da Educação Nacional. **Diário Oficial da União**, Brasília, 20 dez. 1996.

fessores habilitados em nível superior ou formados por treinamento em serviço" (artigo 87 § 4º), e indica como um dos eixos de atuação "realizar programas de capacitação para todos os professores em exercício, utilizando também, para isso, os recursos de educação a distância" (artigo 87 § 3º inciso III).

Ainda no contexto da LDB e em consonância com as políticas de formação e capacitação da SEE, os fundamentos da formação de profissionais da educação estão assentados na "I – associação entre teorias e práticas, inclusive mediante a capacitação em serviço; II – aproveitamento da formação e experiências anteriores em instituições de ensino e outras atividades" (artigo 61).

Neste sentido, a Faculdade de Educação da Universidade de São Paulo propôs-se participar de uma ação conjunta com outras instituições de ensino superior visando ao oferecimento de formação para os docentes em exercício. Essa ação deve ser entendida como cumprimento da responsabilidade social de qualificar professores em nível superior. Para esse intento, mobilizaram-se recursos tecnológicos e mídias interativas, com o objetivo de conferir aos participantes do programa, uma oportunidade singular de formação continuada com ênfase no estudo dos conhecimentos relativos às áreas curriculares, pretendendo o aprimoramento e a qualificação para atuação na rede oficial de ensino.

Esta formação, concomitante à atuação profissional dos educadores, foi realizada levando-se em conta o fato de que os profissionais possuem larga experiência docente e, portanto, baseou-se em um currículo que promoveu a articulação entre a teoria e a prática, valorizando o exercício da docência e a criação de um ambiente educacional que fez uso dos atuais recursos tecnológicos no desenvolvimento de suas competências profissionais.

Assim, conceber, planejar e implementar um projeto especial de formação universitária destinado aos professores em atividade na rede pública estadual de ensino implicou considerar uma enorme gama de fatores. Foi preciso considerar as interferências externas e internas ao projeto. Foi preciso buscar uma consistência teórica e clareza de pressupostos, sem deixar de considerar a realidade histórica e social, a objetividade das condições reais em que trabalham esses educadores. Foi preciso, também, desenvolver ações, que, respeitando as características das organizações escolares, fossem capazes de viabilizar uma prática educativa mais eficaz através de uma política de formação continuada de qualidade, superando as dificuldades e carências típicas do sistema.

Foi preciso que a coordenação geral do projeto, os diversos grupos de trabalho para elaboração do material, os docentes da universidade, os professores-orientadores, tutores, assistentes e estagiários tivessem clareza das funções que desempenhavam e competência para realizá-las com dedicação.

Foi preciso que professores, professores coordenadores, dirigentes e demais agentes educacionais da rede estadual procurassem, em conjunto, as melhores soluções para as novas situações profissionais e pessoais que a efetiva implementação do projeto trouxe. Foi preciso considerar a singularidade dos sujeitos comprometidos, a subjetividade das percepções, suas necessidades e expectativas. Por fim, foi preciso que, uma vez construída, a ação fosse continuamente avaliada e reconstruída de modo que se aprimore a cada fase do projeto, buscando atender às necessidades e abrir novas perspectivas, e, para isso, foi indispensável que se olhasse para os caminhos traçados e percorridos, as reações e assimilações de todos os implicados.

Em outras palavras, a fim de que se pudesse garantir o mais estreito compromisso com as necessidades efetivas do sistema de ensino e com a qualidade dos resultados, o planejamento e a implementação de um projeto de formação universitária, nos moldes do PEC – Formação Universitária estadual, foi um processo de pensar, de forma radical, rigorosa e em conjunto, os problemas da educação escolar e necessitou ser revisto e reprojetado a cada nova ação tendo em vista o atingimento dos objetivos educacionais propostos. Para que fosse possível essa constante reconstrução, foi promovida uma contínua avaliação.

2. A avaliação

Como ficou evidente, a avaliação nesse projeto articulou-se intimamente com a própria concepção e desenvolvimento das ações, sendo, dessa forma, parte delas. Avaliamos essencialmente para obter subsídios para decisões pedagógicas e logísticas que impactassem na continuidade dos trabalhos e, esperamos, na qualidade dos resultados. Para haver certa autonomia nesse processo de avaliação e por implicar uma infra-estrutura e competências próprias, foi estruturado um sistema de avaliação assim distribuído: o Projeto em toda sua amplitude foi avaliado por uma comissão externa; a equipe de coordenação da universidade mediante instrumentos previamente preparados, constantemente reunia e analisava dados sobre o andamento dos trabalhos; os professores orientadores, professores tutores e professores assistentes avaliavam por meio de provas, trabalhos e observações da aprendizagem dos alunos-professores, registrando suas impressões em relatórios mensais e, os alunos-professores, por sua vez, respondiam a questionários para avaliação do projeto e da sua própria aprendizagem.

Contudo, como proceder quando a aprendizagem esperada não ocorre a partir das condições programadas?

Parece compreensível supor que nova oportunidade deva ser dada à instituição para recuperar seu processo de ensino. É justo e pedagogicamente indicado que sejam fornecidas oportunidades de: rever onde estão os pontos fortes e fracos; identificar as aprendizagens que não foram desenvolvidas e com quais alunos-professores e propor, enfim, alternativas que permitam aumentar a eficiência da ação educativa diante dos educandos.

> *É a instituição educativa que se recupera de não ter ensinado. A recuperação, definida neste contexto, é um processo realizado pela escola a fim de garantir que todos os seus objetivos sejam atingidos e que, portanto, seus alunos desenvolvam as aprendizagens selecionadas. Durante este processo é a escola que se recupera das suas dificuldades, que promove ações para superar suas limitações e que evidencia seu engajamento, sua responsabilidade educacional para com todos os educandos. (BRASIL, 1985, p. 19)*[4]

É a partir desse contexto e das concepções de avaliação educacional e recuperação educacional que foram propostas, após a finalização do curso, medidas especiais de reconstrução das aprendizagens aqui denominadas recuperação especial.

A Equipe de coordenação do PEC-USP concebe que os educadores, como responsáveis principais pela ação educativa, devem constantemente rever seu papel e retomar suas atividades, compreendendo a importância da sua intervenção e não aceitando fracassos no processo de ensino. A recuperação especial foi, portanto, um processo que demonstrou compromisso educativo, que exigiu esforço conjunto e conduziu ações efetivas e não apenas medidas de "pronto-socorro" de "consertos", de "remendos" que não beneficiariam nem o aluno- professor, nem o programa como um todo.

3. O percurso

Em dezembro de 2002, findado o período letivo e o correspondente processo avaliativo formalizado no projeto pedagógico (notas entregues, relatórios finalizados, monografias e estágios concluídos), a equipe de coordenação iniciou a delicada tarefa de localizar, dentre os 1680 alunos-professores, aqueles que apresentaram desempenhos inferiores aos inicialmente estipulados, aqueles que deixaram de entregar trabalhos, realizar atividades de estágio obrigatórias, entregar monografia ou vivências educadoras e, também, os que apresentaram percentuais insuficientes de presença às atividades pedagógicas.

Iniciando o mês de janeiro de 2003, os alunos-professores com situação acadêmica por resolver foram organizados em grupos de acordo com as localidades

[4] BRASIL. **A recuperação da escola**. Brasília: MEC, 1985.

onde realizaram o curso e, após um contato telefônico ou envio de telegrama, foram agendadas as primeiras reuniões para esclarecimento dos procedimentos a serem adotados com o objetivo de recuperar as aprendizagens.

Todos os casos foram novamente revistos e para cada um propôs-se uma sistemática específica de recuperação das atividades pendentes. A abertura dessa possibilidade pela equipe de coordenação do projeto manifesta um entendimento claro do que vem a ser o papel do aluno, do professor e da avaliação no processo de aprendizagem e, principalmente, significou uma atitude coerente com os aspectos teóricos defendidos no decorrer do projeto: nos referenciais bibliográficos, nas videoconferências, nos momentos presenciais, nas orientações, etc.

A qualquer programa de formação de professores, bem como a qualquer ação educativa, cabe assegurar que se produzam nos educandos determinadas modificações esperadas – as aprendizagens.

> *A aprendizagem tem sido geralmente definida como processo que determina uma modificação relativamente permanente no comportamento e/ou na vida mental do indivíduo, em virtude da prática ou da experiência (Pfromm Neto, 1976, p. 3).*[5]

Estas aprendizagens ocorrem através do comportamento do aluno, em situações de interação com o meio ambiente. Cabe à instituição educativa organizar e controlar experiências de aprendizagem de forma que permita que o comportamento desejado venha a ocorrer.

A programação das experiências de aprendizagem requer a visibilidade e clareza de quais competências se pretende desenvolver no aluno e quais atividades promoverão esse desenvolvimento. O sucesso dessa empreitada, pode-se dizer, vincula-se a três aspectos: identificar os níveis iniciais do conhecimento dos alunos, organizar as atividades de aprendizagem adequadamente e avaliar constantemente o processo.

Nessas três dimensões da ação pedagógica promovidas pelo educador, é possível inferir a sensibilidade necessária para reconhecer o aluno, reconhecer os melhores meios e reconhecer o que foi aprendido – ações impossíveis sem uma profunda compreensão da avaliação educacional.

Habitualmente quando se pensa em avaliação se pensa, de forma prioritária ou mesmo exclusiva, nos resultados obtidos pelos alunos. Apesar dos avanços da reflexão teórica sobre o ensino, este continua sendo, atualmente, o principal alvo de qualquer aproximação ao fato avaliador. Comumente, os compromissados com o processo educativo se referem à avaliação como o instrumento ou processo

[5] Pfromm Neto, Samuel. **Tecnologia da educação e comunicação de massa.** São Paulo: Pioneira, 1976.

para identificar ou reconhecer o grau de alcance, de cada aluno, em relação a determinados objetivos previstos nos diversos níveis escolares.

Basicamente, a avaliação é considerada como um instrumento sancionador e qualificador, em que o sujeito da avaliação é o aluno e somente o aluno, e o objeto da avaliação são as aprendizagens realizadas segundo certos objetivos mínimos trabalhados.

Caso fosse esse o entendimento da equipe de coordenação, alguns dos alunos-professores seriam simplesmente eliminados do programa sem ter-lhes sido oferecida a oportunidade de recuperação da aprendizagem. Felizmente tal concepção nem sequer foi lembrada em momento algum por qualquer um dos participantes do projeto.

Já faz muito tempo que, fundamentadas na literatura pedagógica, as declarações de princípios das reformas educacionais empreendidas em diferentes países e grupos de educadores mais inquietos se propõem formas de entender a avaliação que não se limitam à valoração dos resultados obtidos pelos alunos. O processo do grupo, o progresso pessoal, a atuação do professor, etc., aparecem como elementos ou dimensões da avaliação. Deste modo, é possível encontrar definições da avaliação bastante diferentes e, em muitos casos, bastante ambíguas, cujos sujeitos e objetos de estudo aparecem de maneira confusa e indeterminada. Em alguns casos, o sujeito da avaliação é o aluno, em outros é o grupo, ou o professor, ou a equipe docente. Quanto ao objeto da avaliação, às vezes é o processo de aprendizagem seguido pelo aluno ou os resultados obtidos, enquanto outras vezes se desloca para a própria intervenção do professor. Por isso mesmo, não podemos desvincular a avaliação de medidas de recuperação e retomada da aprendizagem.

Antes mesmo de nos concentrarmos nas ações da recuperação especial, propomos um entendimento mais amplo do ato de avaliar. Luckesi (2000)[6] garante sua presença em todos os momentos da vida humana. Para o autor, a todo momento, as pessoas são obrigadas a tomar decisões que, na maioria das vezes, são definidas a partir de julgamentos provisórios.

O ato de avaliar na vida cotidiana se dá, permanentemente, pela unidade imediata de pensamento e ação. Nesta unidade, a pessoa precisa estar sempre pronta para identificar o que é para si o "verdadeiro" e o "correto", opções que vão lhe indicar o melhor caminho a seguir, isto é, o que fazer. Muitas vezes, essa escolha não corresponde a um conhecimento aprofundado, real, daquilo a que se refere a opção.

O caráter provisório desses juízos é resultante da condição de opinião, que é própria do saber cotidiano. Esses juízos provisórios, assumidos como verdades, impelem

[6] LUCKESI, Cipriano Carlos. O que é mesmo o ato de avaliar a aprendizagem? **Revista Pátio**, v. 3, n. 12, p. 6-11, fev./abr., 2000.

a ação do indivíduo nas suas relações diárias, mas podem se alterar, se modificar, na atividade social e individual. As correções desses julgamentos vão se dar mediante a experiência, o pensamento, o conhecimento e a decisão moral individual.

O ato de avaliar, portanto, exercido em todos os momentos da vida diária dos indivíduos é feito a partir de juízos provisórios, opiniões assumidas como corretas e que ajudam nas tomadas de decisão. Esses posicionamentos são definidos pelas pessoas com todos os aspectos de sua individualidade, de sua personalidade.

4. A avaliação no PEC

Pelo raciocínio anteriormente apresentado, é óbvio assumirmos também que o ato de avaliar também está presente em todos os momentos vividos durante o PEC - Formação Universitária. O dia-a-dia das atividades não se separava da cotidianidade de cada um dos indivíduos que ali se relacionaram.

Alunos-professores, professores tutores, orientador e assistente estavam permanentemente avaliando tudo e todos, o que promovia a formulação de juízos em diferentes sentidos. Esses juízos orientavam a tomada de decisões e o estabelecimento de relações que poderiam ser as do grupo como um todo, incluindo os professores, ou simplesmente particulares, de grupos menores de alunos-professores ou mesmo de um só aluno.

Em seu sentido mais amplo existiam, nas relações entre os participantes do processo, posicionamentos básicos nem sempre convergentes: do tutor, do orientador, do assistente e o do aluno-professor. O primeiro poderia emitir juízos, quase sempre provisórios, indo de opiniões elásticas sobre a turma (boa, fraca, disciplinada) até julgamentos sobre cada um dos alunos-professores em particular. O orientador, por sua vez, poderia emitir juízos esporádicos sobre a turma (trabalhadora, cumpridora das datas, cuidadosa nas provas) e sobre cada um dos alunos (atento, dedicado) e o assistente, dada sua condição de atuação com várias turmas, teria mais referências sobre o coletivo e menos sobre os indivíduos.

Os alunos-professores também avaliavam seus colegas e, principalmente, o tutor, o orientador, o assistente. Estes eram avaliados por diferentes critérios que iam desde suas atitudes perante a turma ou suas relações, em termos de conhecimento, relacionado com o conteúdo programático.

Esses juízos, positivos ou negativos, poderiam recair em atitudes diferenciadas e que se limitariam, em termos extremos, a uma atitude de atenção permanente às mudanças ocorridas no comportamento das pessoas que eram avaliadas, ou se cristalizavam em posições estereotipadas, gerando preconceitos.

Um professor orientador que, por exemplo, rotulasse sua turma de "incapaz" ou "desatenta" e se, mesmo em situações que demonstrassem uma evidente mudança no comportamento dos alunos-professores não conseguisse ultrapassar esse juízo inicial, demonstraria uma atitude cristalizada, preconceituosa em face da turma, que fatalmente influenciaria sua tomada de decisões em relação à correção das avaliações, orientações da pesquisa, dedicação a casos particulares, etc.

Como destaca Zabala (1998)[7], os juízos emitidos definem a forma com a qual o educador se relaciona com os alunos: a distribuição de prêmios e castigos, punições e elogios, conforme estes se aproximem ou não de suas expectativas, de sua concepção do que seja correto, do seu sentido particular de verdade. Instituída pela organização escolar como a detentora do saber verdadeiro, a figura do professor confunde-se com a do cientista, o descobridor da ciência. Seu conhecimento é considerado como parâmetro da verdade, sob o qual são julgados todos os alunos sob sua orientação.

Esses juízos preconcebidos são também responsáveis pela atitude dos alunos diante do processo de ensino e na relação com o objeto de estudo, indo desde a colaboração e participação positiva até todos os atos de resistência e oposição a atividades propostas.

Como se pode perceber, na efetivação da ação pedagógica estão presentes outros elementos, além dos ligados exclusivamente aos conteúdos da matéria em questão (queremos aqui, destacar os julgamentos do professor e do aluno). Nessas relações, ambas as partes apresentam muitas práticas e saberes aprendidos em outros ambientes, outras situações, muitas vezes, não pertencentes ao domínio escolar.

Como conseqüência desse caráter dinâmico e subjetivo de formulação de juízos provisórios, o professor poderá emitir avaliações diferentes, mesmo em situações aparentemente semelhantes. Neste sentido, será possível que um professor julgue diferentemente dois alunos que passaram por situações semelhantes apresentando o mesmo resultado. Na efetivação dessas avaliações, estarão presentes todo um contingente de elementos ligados à individualidade do professor, às relações existentes entre ele e cada um dos alunos e às condições histórico-concretas em que se dá cada uma dessas situações.

É nesse espaço dinâmico onde diferentes juízos são formulados por diferentes pessoas em interação permanente que não cabem mais privilégios de apenas um dos elementos do grupo ou suas opiniões. É nesse espaço limitado de sala de aula onde ocorrem avaliações diferenciadas a todo instante que não cabem mais privilégios de um segmento parcial, fragmentado e cristalizado de avaliação.

[7] ZABALA, Antonio. **A prática educativa.** Porto Alegre: Artmed, 1998.

Como situar a avaliação então? Em que sentido deverá ser entendido o ato avaliativo no PEC – Formação Universitária?

A avaliação desenvolvida durante o processo de ensino-aprendizagem vinculou-se a um projeto educativo mais amplo que, como foi anteriormente explicitado, contava com a participação dos vários atores pertencentes ao programa.

Do projeto básico do programa extraímos a seguinte proposição:

> *[...] um primeiro nível de avaliação refere-se ao programa e a seu impacto no contexto da prática educativa dos alunos-professores nas escolas que exercem sua docência. Um segundo nível de avaliação refere-se às aprendizagens dos alunos-professores no transcorrer do programa ante os objetivos de formação propostos. Para orientá-lo é preciso que a concepção de avaliação seja coerente com a perspectiva de desenvolvimento de competências profissionais.*[8]

Nessa perspectiva, o que se pretende avaliar não é a quantidade de conhecimento adquirido, mas a capacidade de acioná-lo e de buscar outros para realizar o que é proposto. Assim, os instrumentos de avaliação só cumprem com sua finalidade se puderem diagnosticar o uso funcional e contextualizado dos conhecimentos (Brasil, 2000).[9]

O projeto pedagógico do programa expressa que a avaliação deve levar em conta a adequação das situações de ensino propostas e a participação dos diferentes educadores e atores sociais considerados.

Embora seja mais difícil avaliar competências profissionais do que assimilação de conteúdos convencionais, há muitos instrumentos para isso. Algumas possibilidades foram empregadas no transcorrer do programa: identificação e análise de situações educativas complexas e/ou problemas de uma dada realidade; elaboração de projetos para resolver problemas identificados num contexto observado; elaboração de uma rotina de trabalho semanal a partir de indicadores oferecidos pelo formador; definição de intervenções adequadas, alternativas às que forem consideradas inadequadas; planejamento de conjunturas didáticas consonantes com um modelo teórico estudado; reflexão escrita sobre aspectos estudados, discutidos ou observados em situação de estágio; participação em atividades de simulação; estabelecimento de prioridades de investimento em relação à própria formação.

Cabe realçar que ao tratar-se de um programa de formação de professores, a avaliação cumpria o objetivo de fazer o professor vivenciar, como objeto da

[8] PEC – Formação Universitária: **Projeto básico.** São Paulo: USP/UNESP/PUC-SP/SEE-SP. São Paulo, 2001. p. 15-16. Material não publicado.

[9] BRASIL. **Proposta de diretrizes para a formação inicial de professores da educação básica.** Brasília: MEC, 2000.

avaliação, circunstâncias equivalentes às que ele organiza no seu cotidiano, como sujeito da avaliação, para seus próprios alunos. Observando a simetria invertida, a avaliação era, portanto, uma experiência que o professor vivia enquanto aluno e um conteúdo do programa com o qual ele aprendia princípios e métodos de avaliação de aprendizagem que seriam aplicados em sua própria sala de aula. Nesse sentido, eram indispensáveis a coerência, sinergia e articulação entre eles.

Como se pode notar, qualquer medida adotada no programa tinha sempre um duplo sentido. Ao serem avaliados na sua aprendizagem, simultaneamente aos conhecimentos construídos, os alunos-professores vivenciavam a oportunidade de aprender também sobre a avaliação, desde a estruturação de instrumentos e atividades até seus próprios sentimentos acerca dessas experiências. Esse é um aspecto importantíssimo e nos possibilita inferir a necessidade de desenvolver propostas efetivas de recuperação.

Se a opção explícita no projeto foi por uma educação que possibilitasse aos alunos o desenvolvimento de competências profissionais, ficou evidente o essencial para essa aprendizagem: conteúdos relevantes, habilidades e atitudes contribuintes com a formação de um indivíduo consciente, crítico e capaz de orientar o seu próprio aprendizado.

As tarefas relacionadas ao processo ensino-aprendizagem no contexto do programa não eram estanques, isoladas. Elas efetivamente faziam parte do cotidiano dos indivíduos na escola e não deveriam ser avaliadas, apenas, em momentos isolados, muitas vezes totalmente desvinculados da realidade diária de sala de aula, mediante respostas a questões sobre conceitos pré-estabelecidos.

5. A Recuperação especial

Tomando como base os argumentos expostos, explicitamos a proposta de recuperação especial desenvolvida. Dada as intenções do programa e suas concepções de aprendizagem: "o desenvolvimento de competências para a atuação docente no ciclo inicial do ensino fundamental mediante a utilização de novas tecnologias de ensino e a construção de conhecimentos a partir da interação com os mais diversos conteúdos conceituais, atitudinais e procedimentais", podemos afirmar que o "tempo" de aprendizagem é diferente para cada um dos alunos-professores e, dito isso, afastamo-nos de uma concepção de ensino limitada à internalização de conceitos, ou seja, para nós, o processo de desenvolver competências é uma construção, algo que se propõe aos alunos e requer mobilizações de conhecimentos diferentes para cada um, portanto, em determinados casos, convém dizer, esse processo é mais lento ou, quem sabe, os alunos-professores, por diversas razões, não dispuseram de condições plenas para essa construção.

Apesar disso, em algum grau, essas competências foram desenvolvidas durante o processo, nas relações dinâmicas que promoveram as tomadas de decisões mediante a apresentação e realização das diversas atividades que relacionaram o tratamento do conteúdo, a compreensão de significados e a produção e utilização dos conhecimentos pelo aluno-professor.

Para a efetivação da ação educacional, foi necessário que o professor tutor e o professor orientador estivessem permanentemente atentos às alterações de comportamento dos alunos. Que houvesse um clima favorável à participação de todos em sala de aula no decorrer das diversas atividades. Que os alunos não se sentissem reprimidos e pudessem manifestar suas dúvidas, inquietações e incompreensões quanto ao que estava sendo estudado.

Foi nas relações cotidianas entre os professores e os alunos que se deu a aprendizagem. Dessa interação surgiram condições mais efetivas para que ambos fossem capazes de se avaliar, de avaliarem o conteúdo em questão e de tomarem decisões quanto ao prosseguimento do processo de ensino e aprendizagem.

Essa relação dinâmica de aquisição, reelaboração e produção de conhecimentos, na qual os alunos participaram decisivamente do processo, fez com que se perdesse sentido uma avaliação cuja competência coubesse exclusivamente à opinião de um dos professores quanto ao desempenho dos alunos.

Para Souza (2001)[10], procedemos de uma tradição educacional prioritariamente uniformizadora que parte do princípio de que as diferenças entre os alunos não se constituem em motivo suficiente para mudar as formas de ensino, mas demonstram uma evidência que valida a função seletiva do sistema e, portanto, sua capacidade de escolher os melhores. A uniformidade é, assim, um valor de qualidade, já que é o que permite reconhecer e validar os que servem ao sistema.

O conhecimento disponível sobre como se produz a aprendizagem revela a extraordinária singularidade desses processos, de tal maneira que cada vez é mais difícil estabelecer propostas universais que vão além da constatação dessas diferenças e singularidades. O fato de que as experiências anteriormente vividas constituam o ponto de partida de qualquer aprendizagem obriga a considerar a diversidade dos processos e, portanto, a necessidade do ensino, e especialmente os avaliadores, não apenas as observarem, como tomarem-nas como eixo vertebrador.

Com base nesses argumentos foram estruturadas as ações da recuperação especial. Entendendo que a recuperação paralela deu-se, obrigatoriamente, no de-

[10] SOUSA, Sandra Maria Zákia. A avaliação na organização do ensino em ciclos. **Revista de Educação**. n. 13, abr., 2001.

correr do processo. Coube, portanto, responder às perguntas: Quais foram as dificuldades vividas pelos alunos-professores que lhes impossibilitaram a conclusão das atividades? As suas experiências no transcorrer do programa foram satisfatórias? O que foram capazes de aprender durante o período letivo? Quais são seus interesses a esta altura dos acontecimentos? O que lhes é possível fazer?

A primeira fase da recuperação consistiu em conhecer as dificuldades e limites de cada um dos alunos e o que eles haviam concluído satisfatoriamente, o que eles realmente poderiam fazer e como negociar suas possibilidades reais com relação à retomada das ações de aprendizagem em graus satisfatórios sem perdas de qualidade no processo.

O conhecimento das atividades desenvolvidas por cada aluno-professor e quais tinham sido suas maiores dificuldades e empecilhos para a finalização do curso foram o ponto de partida que nos permitiu, em relação aos objetivos e conteúdos de aprendizagem previstos, estabelecer novas atividades ou retomar algumas das tarefas desenvolvidas no decorrer das aulas numa perspectiva diferenciada, procurando atender, sobretudo, às possibilidades a fim de favorecer a aprendizagem de cada aluno-professor. Assim, pois, as entrevistas iniciais e a posterior análise de cada caso em particular proporcionaram referências para definir uma proposta pessoal de intervenção, a organização de uma série de atividades de aprendizagem que, dada a experiência de cada um e o conhecimento das pessoas por meio desse diagnóstico, por suposto possibilitariam o progresso dos alunos. Mas não era mais do que uma hipótese de trabalho, já que as respostas às propostas eram diversificadas e, por vezes, afastavam-se do que se esperava.

Nessa ocasião, foi atendido um total de 68 alunos-professores cuja vida acadêmica se apresentava inconclusa. Os casos, como mencionado anteriormente, eram bem diversificados: nota abaixo de 4,0 na última prova (módulo III), monografia, memórias ou algum dos relatórios das vivências educadoras sem terminar, percentuais de freqüência inferiores a 75%, mais de uma média abaixo de 5,0 (o projeto pedagógico previa apenas uma possibilidade).

A complexidade dos processos de aprendizagem e, conseqüentemente da recuperação especial da aprendizagem, impedia, simplesmente, que as tarefas fossem retomadas com as mesmas orientações. Partimos da hipótese que esses alunos-professores haviam se deparado com a realização de atividades para eles difíceis demais para serem desenvolvidas em sincronia com o andamento das demais atividades acadêmicas, da vida pessoal e profissional. Com esse pensamento em mente foi-lhes ofertada, primeiramente, a oportunidade de refazer as atividades com novas orientações e com graus semelhantes de exigências às atividades desenvolvidas no decorrer do curso. As hipóteses iniciais foram confirmadas ao constatar-se que alguns alunos-professores mostraram inclinação para abandonar por completo o curso, caso tivessem que refazer os estágios nos mesmos moldes, ou seja, aguardar o reinício do ano letivo e desenvolver as atividades em sala de aula.

Remediando essa situação, sem descaracterizar o sentido das atividades, a solução encontrada foi aproveitar os projetos de janeiro promovidos pela Secretaria Estadual da Educação, como a recuperação nas férias e localizar instituições escolares que se interessassem em receber os alunos-professores. Dessa forma seria viabilizado o desenvolvimento do estágio e a correspondente vivência educadora. Com essa alternativa que, em termos de aprendizagem surtiu efeitos positivos, muitos alunos-professores terminaram por reaproximar-se do programa e completaram as atividades.

A dificuldade enfrentada pelo aluno-professor, em outro sentido, poderia tratar-se de ter, ao longo do período letivo comum, destinado pouco tempo ou dedicação às atividades do curso. Nesse caso, a recuperação oferecia nova oportunidade, desta vez, distante do turbilhão de compromissos comuns à profissão. Ao disporem de tempos de aprendizagem diferentes, os alunos-professores conseguiram, em alguns casos, realizar as mesmas atividades.

Um último grupo de pessoas manifestou limitações concretas para o término das atividades, haja vista as dificuldades explícitas na compreensão dos conceitos abrangidos, a correlação de idéias, a discriminação e identificação de informações, etc., ou seja, impedimentos ocasionados pela insuficiência de conhecimentos prévios. Esses casos, ilustrados pela obtenção de notas inferiores a 4,0 nas provas formais, foram resolvidos através da proposição e realização de atividades que mobilizassem conhecimentos semelhantes e estivessem relacionadas diretamente a conteúdos ou experiências conhecidas. Nesses casos, os alunos-professores foram estimulados a elaborar um plano de curso para a série na qual desempenhariam suas funções no ano letivo de 2003, ao invés de fazer uma prova substitutiva de currículo.

Pensar na recuperação especial é pensar uma proposta educativa diferenciada. Simplesmente, não podemos repetir o que foi ineficaz. Para isso, convém estudar muito bem a situação de cada um, dado que, não apenas os alunos são diferentes em cada ocasião, como as experiências educacionais são diferentes e não se repetem. Isso supõe que, no processo de aplicação de qualquer plano de intervenção, será necessário adequar às necessidades de cada aluno as diferentes variáveis educativas: as tarefas e as atividades, seu conteúdo, as formas de agrupamento, os tempos, etc. Conforme se desenvolveu o plano previsto e conforme a resposta do aluno-professor às nossas propostas, foram introduzidas novas atividades que comportaram desafios mais adequados e ajudas mais contingentes.

O conjunto de atividades realizadas permitiu que cada aluno atingisse os objetivos previstos num determinado grau. A fim de validar tais atividades, conhecer a situação de cada aluno e poder tomar as medidas educativas pertinentes, foram registrados os progressos mediante a avaliação de cada atividade realizada pelos alunos-professores levando em conta suas características específicas. Isso foi possível através do estabelecimento de três medidas: um cuidadoso controle de entrega, correção e orientação para reelaboração da atividade; o registro do andamento dos trabalhos de cada aluno-professor pelo professor responsável pela recuperação especial e o agendamento de encontros quinzenais com os grupos a serem orientados. Assim, foram possíveis um acompanhamento próximo e o encaminhamento de novas intervenções.

Tendo como propósito a melhora contínua do aluno, entendemos que a finalidade da recuperação especial foi atingida, dado que dos 37 participantes do processo, 34 concluíram-no com níveis plenamente satisfatórios. A recuperação especial constituiu-se em um instrumento educativo promotor da aprendizagem mediante a valorização do desempenho individual com o objetivo de oferecer ao aluno-professor, em todo momento, as intervenções educacionais mais adequadas.

6. Considerações

Com essa experiência aprendemos que o aperfeiçoamento da prática educativa é o objeto básico de todo educador. Pudemos entender este aperfeiçoamento como um meio para que todos os alunos-professores conseguissem o maior grau de competências segundo suas possibilidades reais. O alcance dos objetivos por parte de cada aluno é um alvo que exige conhecer os resultados e os processos de aprendizagem que cada um segue. Como educadores comprometidos com a melhora da qualidade do ensino é preciso conhecer e poder avaliar a intervenção pedagógica proposta, de forma que a ação avaliadora observe simultaneamente os processos individuais de aprendizagem e a atividade apresentada. Tal avaliação, no entanto, permite determinar as melhores formas de intervenção mediante a adequação, escolha e reorganização das atividades pedagógicas. Referimo-nos tanto aos processos de aprendizagem como aos de ensino, já que, desde uma perspectiva profissional, o conhecimento de como os alunos aprendem é, em primeiro lugar, um meio para ajudá-los em seu crescimento e, em segundo lugar, é o instrumento que permitirá a melhora da nossa atuação com eles.

Uma Experiência de Formação de Professores na USP
PEC | Programa de Educação Continuada

Marieta Lucia Machado Nicolau |
Myriam Krasilchik (org.)

revisão de textos Maria Adélia Ferreira Mauro
Regina Maria Ferraz Elero Ivamoto
revisão técnica Miguelina Alves Flexa

imprensaoficial IMPRENSA OFICIAL DO ESTADO DE SÃO PAULO

supervisão editorial Cecília Scharlach
assistência editorial Andressa Veronesi
Sabrina Capozzi
capa Odilo Rio Branco
projeto gráfico | editoração Robson Minghini
apoio à editoração Fernanda Buccelli
Jefferson Robles
Marilena Camargo Villavoy
Selma Brisolla de Campos

Dados Internacionais de Catalogação na Publicação (CIP)
Biblioteca da Faculdade de Educação / USP

Uma experiência de formação de professores na USP:
PEC | Programa de Educação Continuada/ Marieta
Lucia Machado Nicolau, Myriam Krasilchik
organizadoras. São Paulo: FEUSP, 2006.

ISBN 85-7060-439-4

1. Educação continuada. 2. Formação de professores. I. Nicolau,
Marieta Lucia Machado, org. II. Krasilchik, Myriam, org.

Imprensa Oficial do Estado de São Paulo
Rua da Mooca, 1921 Mooca
03103 902 São Paulo SP Brasil
Tel 11 6099 9800 Fax 11 6099 9674
www.imprensaoficial.com.br
livros@imprensaoficial.com.br
SAC Grande São Paulo 11 6099 9725
SAC Demais Localidades 0800 0123 401

Impresso no Brasil 2006
Foi feito o depósito legal

formato	23 x 28 cm
tipologia	ITC Officina Sans
miolo	offset 120 g/m^2
capa	triplex 250 g/m^2
número de páginas	188
tiragem	2000

editoração, ctp, impressão e acabamento
imprensaoficial
Rua da Mooca, 1921 São Paulo SP
Fones: 6099-9800 - 0800 0123401
www.imprensaoficial.com.br